Gerfried Brandstetter

Chronologisches Lexikon der europäischen Integration 1945–1995

Nomos Verlagsgesellschaft
Baden-Baden

Verlag Österreich
Edition Juristische Literatur

Wien 1996

Verlag Österreich, Edition Juristische Literatur
Rennweg 12 a, A-1037 Wien

Veröffentlichung in Österreich:
ISBN: 3-7046-0857-2

Veröffentlichung in Deutschland:
ISBN: 3-7890-4457-1

Nomos Verlagsgesellschaft, Waldseestraße 3–5,
D-76484 Baden-Baden

Satz: Ch. Weismayer, Wien/Salzburg

„(...) In dem festen Willen, die Grundlagen für einen immer engeren Zusammenschluß der europäischen Völker zu schaffen (...)“

Präambel des EWG-Vertrags vom 25.3.1957

„Und wenn ich schon Rezepte für unser Europa habe, so das, daß alle Länder, die je dazugehört haben, noch immer dazu gehören, daß die großen Länder von den kleinen und ihrer Geschichte lernen, daß die Wuchertarife abgeschafft werden, die das Reisen in Europa behindern, und schließlich, daß der Süden den Norden im Drang nach einer seelenlosen Modernität nicht imitieren sollte und daß der Norden sich den Süden mit seinem Tempo und seinen Traditionen lange und aufmerksam anschaut, und mit dem Süden meine ich den richtigen Süden, dort, wo alles seinen Ursprung hat.“

Cees Nooteboom (1988)

Inhaltsverzeichnis

Vorwort

Geschichte, Gegenwart und zukünftige Entwicklung der europäischen Integration sind untrennbar miteinander verbunden. Wer den Werdegang und das Zusammenwachsen der Gemeinschaft, den Entstehungsprozeß des Binnenmarkts, die Probleme bei der wirtschaftlichen und politischen Zusammenarbeit oder die Schritte in Richtung einer gemeinsamen Sicherheitspolitik verstehen will, braucht nicht nur spezielle Fachkenntnis, sondern auch einen guten Überblick über den europäischen Integrationsprozeß.
Gerade darüber ist aber ausreichende Information – erst recht in deutscher Sprache – ausgesprochene Mangelware. Dabei wird die Entwicklung, die bis zur Europäischen Union geführt hat und noch lange nicht als abgeschlossen betrachtet werden darf, erst in ihrer zeitgeschichtlichen Dimension begreifbar. Die europäische Integration umfaßte eben von Anfang an mehr als nur eine reine Wirtschaftsgemeinschaft, und die Europäische Union ist nicht erst seit dem Vertrag von Maastricht das erklärte Ziel der EG-Mitgliedstaaten. So manches aktuelle Vorhaben für die zukünftige europäische Entwicklung – ob Währungsunion, Gemeinsame Außen- und Sicherheitspolitik oder Demokratisierung der Gemeinschaft – greift auf frühere Konzepte zurück. Darüber hinaus ist der europäische Integrationsprozeß in den fünf Jahrzehnten seiner oft mühsamen, auch von Rückschlägen gekennzeichneten Verwirklichung nicht auf die EG bzw. EU beschränkt geblieben, sondern hat Schritt für Schritt auch alle anderen europäischen Staaten erfaßt.
Die vorliegende Arbeit will keine geschlossene Darstellung dieser Entwicklung bieten, sondern den europäischen Integrationsprozeß anhand von mehr als 1500 exakt recherchierten, chronologisch geordneten Daten zur wirtschaftlichen und politischen Entwicklung Europas belegen. Verträge, Konferenzen, Beschlüsse, Einrichtungen und Persönlichkeiten, die für die europäische Integration von wesentlicher Bedeutung sind, werden in lexikalischer Knappheit erfaßt und dargestellt. Pfeile weisen auf das Inkrafttreten von Abkommen und Beschlüssen hin. Insgesamt folgt die Auswahl der Einzeldaten der tatsächlichen Intensivierung und Ausweitung des Integrationsprozesses seit der zweiten Häfte der achtziger Jahre, weshalb den letzten zehn Jahren entsprechend großer Raum gewidmet ist.
„Das chronologische Lexikon der europäischen Integration 1945–1995“ ist als Nachschlagwerk konzipiert. Neben einem Abkür-

zungs- und einem Stichwortverzeichnis enthält es auch ergänzende Tabellen und Übersichten.

Das Literaturverzeichnis umfaßt eine aktuelle Auswahl der verwendeten Quellen und Werke und versteht sich auch als Hinweis für weitergehende Beschäftigung mit der Thematik. Diese stellt angesichts des Umfangs wie der Komplexität der europäischen Integration eine große Herausforderung wie Notwendigkeit dar. Wenn dieses Buch sich für den Einstieg als nützlich erweist, ist seine Aufgabe erfüllt.

Der Dank des Autors gilt allen, die ihm bei der Beschaffung oft schwer zugänglicher Unterlagen behilflich waren, darunter den MitarbeiterInnen des Europäischen Hochschulinstituts in Florenz sowie der Europaakademie in Wien. Ein Dankeschön geht an Herrn Michael Twrdy (Wien) für seine wertvolle Hilfe in PC-Belangen. Nicht zuletzt danke ich Herrn Christian Marok-Winkelbauer (Salzburg) und Frau Dr. Anna Sporrer (Wien) für ihre jeweils spezifische Hilfe und Unterstützung.

Gerfried Brandstetter

Abkürzungsverzeichnis

AKP	Afrika, Karibik, Pazifik
APS	Allgemeines Präferenzsystem
ASEAN	Association of Southeast Asian Nations
AStV	Ausschuß der Ständigen Vertreter
BENELUX	Belgique, Nederlands, Luxemburg
BIZ	Bank für Internationalen Zahlungsausgleich
CEDEFOP	Centre Européen pour le Développement de la Formation Professionelle
CEEC	Committee of European Economic Cooperation
CEFTA	Central European Free Trade Agreement
CEI	Zentraleuropäische Initiative
CEMT	Conférence Européenne des Ministres des Transports
CEPT	Conférence Européenne des administrations des Postes et des Télécommunications
CERN	Conseil Européen pour la Recherche Nucléaire
CFFE	Comité Français pour la Fédération Européenne
CIMUE	Comité International des Mouvements pour l'Unification de l'Europe
CLRAE	Conference of Local and Regional Authorities of Europe
COCOM	Coordinating Committee on Export Controls
COMECON	Council for Mutual Economic Assistance
COMETT	Community Programme in Education and Training for Technology
COREPER	Comité des Représentants Permanents
COST	Cooperation on Scientific and Technical Research
EAG	Europäische Atomgemeinschaft
EAGFL	Europäischer Ausrichtungs- und Garantiefonds für die Landwirtschaft
EBWE	Europäische Bank für Wiederaufbau und Entwicklung
ECE	Economic Commission for Europe
ECU	European Currency Unit
EDU	Europol Drugs Unit
EEA	Einheitliche Europäische Akte
EFRE	Europäischer Fonds für Regionale Entwicklung
EFTA	European Free Trade Association
EFWZ	Europäischer Fonds für Währungspolitische Zusammenarbeit
EG	Europäische Gemeinschaft(en)
EGB	Europäischer Gewerkschaftsbund
EGKS	Europäische Gemeinschaft für Kohle und Stahl
EHI	Europäisches Hochschulinstitut
EIB	Europäische Investitionsbank
ELD	Europäische Liberale Demokraten
EMRK	Europäische Menschenrechtskonvention

EPG	Europäische Politische Gemeinschaft
EPU	Europäische Politische Union
EPZ	Europäische Politische Zusammenarbeit
ERASMUS	European Community Action Scheme for the Mobility of University Students
ERE	Europäische Recheneinheit
ERP	European Recovery Program
ESA	EFTA-Surveillance Authority
ESA	European Space Agency
ESO	European Southern Observatory
ESPRIT	European Strategic Programme for Research and Development in Information Technologies
EU	Europäische Union
EUCD	Europäische Union Christlicher Demokraten
EuGH	Europäischer Gerichtshof
EURAM	European Research on Advanced Materials
EURATOM	Europäische Atomgemeinschaft
EUREKA	European Research Coordination Agency
EUV	Vertrag über die Europäische Union
EVG	Europäische Verteidigungsgemeinschaft
EVP	Europäische Volkspartei
EWA	Europäisches Währungsabkommen
EWG	Europäische Wirtschaftsgemeinschaft
EWI	Europäisches Währungsinstitut
EWIV	Europäische Wirtschaftliche Interessenvereinigung
EWR	Europäischer Wirtschaftsraum
EWS	Europäisches Währungssystem
EWU	Europäische Währungsunion
EZB	Europäische Zentralbank
EZU	Europäische Zahlungsunion
FAO	Food and Agriculture Organization of the United Nations
FLN	Front de Libération Nationale
GAP	Gemeinsame Agrarpolitik
GASP	Gemeinsame Außen- und Sicherheitspolitik
GATT	General Agreement on Tariffs and Trade
GFK	Gemeinsames Förderkonzept
GUS	Gemeinschaft Unabhängiger Staaten
IAEO	Internationale Atomenergieorganisation
IBRD	International Bank for Reconstruction and Development
IDA	International Development Association
IEA	Internationale Energie-Agentur
IMF	International Monetary Fund
IMP	Integrierte Mittelmeerprogramme
INF	Intermediate-range Nuclear Forces
ITO	International Trade Organization
IWF	Internationaler Währungsfonds

JET	Joint European Torus
KEI	Karadenis Ekonomik Isbirgli
KIWZ	Konferenz über Internationale Wirtschaftliche Zusammenarbeit
KOMINFORM	Informationsbüro der kommunistischen und Arbeiterparteien
KOMINTERN	Kommunistische Internationale
KPdSU	Kommunistische Partei der Sowjetunion
KSZE	Konferenz über Sicherheit und Zusammenarbeit in Europa
KVAE	Konferenz über vertrauens- und sicherheitsbildende Maßnahmen und Abrüstung in Europa
LECE	Ligue Européenne de la Cooperation Economique
MERCOSUR	Mercado Común del Cono Sur
NATO	North Atlantic Treaty Organization
NEI	Nouvelles Equipes Internationales
OECD	Organization for Economic Cooperation and Development
OEEC	Organization for European Economic Cooperation
OSZE	Organisation für Sicherheit und Zusammenarbeit in Europa
ÖVP	Österreichische Volkspartei
PFP	Partnership For Peace
PHARE	Pologne-Hongrie: Aide à la Reconstruction Économique
RGW	Rat für Gegenseitige Wirtschaftshilfe
RRE	Rat der Regionen Europas
SADC	Southern African Development Community
SALT	Strategic Arms Limitation Talks
SAVE	Specific Actions programme for Vigorous Energy efficiency
SDI	Strategic Defense Initiative
SPÖ	Sozialistische Partei Österreichs
START	Strategic Arms Reduction Talks
TACIS	Technical Assistance for the Commonwealth of Independent States
TEN	Transeuropäische Netze
TREVI	Terrorisme, Radicalisme, Extremisme, Violence Internationale
UDK	Union Demokratischer Kräfte
UEF	Union Européenne des Fédéralistes
UN.	United Nations
UNCED	United Nations Conference on Environment and Development
UNCTAD	United Nations Conference on Trade and Development
UNICE	Union des Industries de la Communauté Européenne
UNO	United Nations Organization
VR	Volksrepublik
VRE	Versammlung der Regionen Europas
WEU	Westeuropäische Union
WTO	World Trade Organization
WWU	Wirtschafts- und Währungsunion

CHRONOLOGIE

04.02.–11.02. Konferenz von Jalta zwischen Josef W. Stalin, Theodore Roosevelt und Winston Churchill. Beschlossen werden unter anderem die Aufteilung Deutschlands in Besatzungszonen, Gebietsabtretungen und die vollständige Entmilitarisierung; Frankreich soll sich an der Besetzung und am Kontrollrat beteiligen. Einigung über die „Vereinten Nationen" (UN). Die „Erklärung über das befreite Europa" betont das Recht aller Völker, „demokratische Einrichtungen nach freier Wahl zu schaffen".

25.03. Das von Mitgliedern der französischen Widerstandsbewegung 1944 gegründete „Comité Francais pour la Fédération Européenne" (CFFE) organisiert in Paris eine internationale Konferenz europäischer Föderalisten, bei der Altiero Spinelli einen Entwurf einer föderalistisch verfaßten Europäischen Union vorlegt.

Altiero Spinelli (1908–1986):
Bedeutender italienischer Europapolitiker, Mitarbeiter Jean Monnets und Robert Schumans. Mitglied der EG-Kommission 1970–1976 und des Europäischen Parlaments 1979–1986. Der unter seiner Leitung vom institutionellen Ausschuß des Europäischen Parlaments 1984 erarbeitete „Entwurf eines Vertrags zu Gründung der Europäischen Union" trägt seinen Namen (sog. Spinelli-Entwurf). → 14.02.1984

19.03. Die drei Benelux-Staaten und Frankreich gründen zur gegenseitigen Wirtschaftshilfe einen „Conseil de Coopération économique mutuelle".

07.05.–09.05. Kapitulation der deutschen Wehrmacht. Ende des Zweiten Weltkriegs in Europa.

05.06.	Berliner Deklaration. Die Alliierten übernehmen die oberste Regierungsgewalt in Deutschland. Aufteilung Deutschlands in vier Besatzungszonen.
26.06.	Unterzeichnung der Gründungscharta der Vereinten Nationen (UNO) durch Vertreter von 50 Staaten. → 24.10.1945
04.07.	Das alliierte Kontrollabkommen teilt Österreich in vier Besatzungszonen.
17.07.–02.08.	Potsdamer Konferenz der Staats- bzw. Regierungschefs der UdSSR, der USA und Großbritanniens. Deutschland soll entnazifiziert, entmilitarisiert und demokratisiert werden. Königsberg und der Nordteil Ostpreußens werden sowjetischer, das übrige Ostdeutschland bis zur Oder-Neiße-Grenze polnischer Verwaltung unterstellt. Einvernehmen über die Aussiedlung der deutschen Bevölkerung aus Polen, der Tschechoslowakei und Ungarn.
24.10.	Die Charta der Vereinten Nationen (UN) tritt in Kraft.
29.10.	Proklamation der Volksrepublik Jugoslawien. Regierungschef ist Josip Broz Tito.
10.12.	Beginn des griechischen Bürgerkriegs (bis 1949). Die Westmächte unterstützen die Monarchisten, die Sowjetunion die Kommunisten.

16.03. Der britische Premierminister Winston Churchill benützt in einer Rede erstmals den Begriff „Eiserner Vorhang“ („iron curtain“).

16.05. Gründung der Europäischen Liga für wirtschaftliche Zusammenarbeit (LECE) durch den belgischen Ministerpräsidenten Paul van Zeeland in Brüssel. Die Liga wird eines der Gründungsmitglieder der Europäischen Bewegung.

14.09.–21.09. Vertreter föderalistischer Gruppen verabschieden in Hertenstein am Vierwaldstätter See das Hertensteiner Programm, dessen 12 Thesen als Grundlage der europäischen Integrationsbemühungen der ersten Nachkriegsjahre dienen und insbesondere von der Europäischen Bewegung und der Europa-Union übernommen werden.

19.09. Winston Churchill fordert in einer Rede an der Züricher Universität die Schaffung der „Vereinigten Staaten von Europa“, die er unter französischer und deutscher Führung, aber ohne Teilnahme Großbritanniens verwirklicht sehen will.

Sir Winston Churchill (1874–1965):
Britischer Premierminister 1940–1945 bzw. 1951–1955. Churchill übte maßgeblichen Einfluß auf die Neugestaltung der internationalen Politik nach dem Zweiten Weltkrieg aus (Konferenzen von Jalta und Teheran) und gehört zu den Initiatoren von UNO, NATO und Europarat. Mitbegründer und Leitfigur der Europäischen Bewegung.

15.10.–26.11. Erste Vorkonferenz des vorbereitenden GATT-Ausschusses in London.

09.12. Gründung der EUROPA-UNION in Syke bei Bremen auf der Grundlage des föderalistischen Hertensteiner Programms.

17.12. Gründung der Union Europäischer Föderalisten (UEF) in Paris, eines der Gründungsmitglieder der Europäischen Bewegung. Ziel der UEF ist ein föderales Europa mit parlamentarischer Gesetzgebung und einer handlungsfähigen europäischen Regierung.

04.03. Unterzeichnung des Beistandspakts von Dünkirchen zwischen Frankreich und Großbritannien gegen eine eventuelle deutsche Angriffspolitik. Das Bündnis wird durch den Beitritt der Benelux-Staaten am 17.03.1948 zur Westunion erweitert. → 17.03.1948.

12.03. Vor dem Hintergrund des beginnenden Ost-West-Konflikts fordert US-Präsident Harry S. Truman den amerikanischen Kongreß auf, die „freien Völker" zu unterstützen und sichert ihnen zur Verteidigung ihrer Unabhängigkeit militärische und wirtschaftliche Hilfe zu (sog. Truman-Doktrin).

28.03. Beschluß des UN-Wirtschafts- und Sozialrats über die Gründung der Wirtschaftskommission der Vereinten Nationen für Europa (ECE).

10.04.–23.08. Zweite Vorkonferenz des vorbereitenden GATT-Ausschusses in Genf.

01.06. Gründung der Nouvelles Equipes Internationales (NEI) in Brüssel, die bereits am 28.06.1947 in die Europäische Union Christlicher Demokraten (EUCD) umgewandelt werden. Die EUCD setzt sich als Dachverband der christlich-demokratischen Parteien Europas die Verwirklichung eines föderativen Europa zum Ziel.

03.06. Gründung der Sozialistischen Bewegung für die Vereinigten Staaten von Europa, einer Vorläuferin der Sozialdemokratischen Europäischen Bewegung, in Montrouge bei Paris.

05.06. Der Außenminister der USA, George C. Marshall, kündigt in einer Rede an der Harvard Universität einen Plan für den wirtschaftlichen Wiederaufbau Europas, das sog. European Recovery Program (ERP; „Marshall-Plan"), an. Das Hilfsprogramm zur Ankurbelung der Nachkriegswirtschaft wird von der UdSSR als „Instrument des Dollarimperialismus" abgelehnt, die Tschechoslowakei und Ungarn werden an der Teilnahme gehindert.

22.06. In Eutin findet der Deutsche Europa-Kongreß der EUROPA-UNION unter dem Motto „Europäer aller Länder, vereinigt Euch!" statt.

01.07. Abschluß eines Handelsabkommens zwischen der Tschechoslowakei und Polen.

12.07. Eröffnung der Pariser Konferenz der 16 Nationen über Marshall-Plan und Wiederaufbau in Europa.

16.07. Konstituierung des „Committee of European Economic Cooperation" (CEEC).

30.08. Erster Kongreß der UEF in Montreux. In Resolutionen wird die Gründung eines europäischen Bundesstaats gefordert, der über eine föderative Regierung, einen Obersten Gerichtshof und eine bewaffnete Polizeimacht verfügen soll.

08.09. Der erste Kongreß der „Europäischen Parlamentarier-Union" wird von Graf Richard Nicolas Coudenhove-Kalergi eröffnet.

Richard Nicolas Coudenhove-Calergi (1894–1972):
Österreichischer Schriftsteller und Historiker, einer der führenden Vertreter des Europagedankens in den 20er und 30er Jahren. 1952 Gründung der Paneuropa-Union, die für den europäischen Integrationsprozeß jedoch ohne größeren praktischen Einfluß blieb.

22.09. Maßnahmenkatalog der CEEC zur wirtschaftlichen Zusammenarbeit in Europa.

22.09.–17.10. Gründungskonferenz der KOMINFORM als Nachfolgeorganisation der KOMINTERN mit Sitz zunächst in Belgrad, seit 1948 in Bukarest. Sie soll die Arbeit der nationalen kommunistischen Parteien koordinieren. Die KOMINFORM wird 1956 aufgelöst.

29.10. Belgien, die Niederlande und Luxemburg vereinbaren eine Zollunion (Benelux), die am 01.01. 1948 in Kraft tritt. → 01.01.1948

30.10. Das GATT-Abkommen zur Herabsetzung der Zolltarife und Handelsschranken wird von 23 Staaten in Genf unterzeichnet (sog. Kleine Havanna-Charta). Durch das Abkommen werden Vorzugszölle beseitigt und die Zölle auf gewerbliche Waren um 19% gesenkt. Die Staaten der sowjetischen Einflußsphäre bleiben mit Ausnahme der Tschechoslowakei dem Übereinkommen fern.

21.11. Eröffnung der GATT-Konferenz von Havanna.

13.12. Bildung eines Koordinierungsausschusses für die europäische Einheit (CIMUE) durch verschiedene europäische Verbände unter dem Vorsitz des britischen Europapolitikers Duncan Sandys, aus dem zehn Monate später die Europäische Bewegung hervorgeht.

01.01. Der Benelux-Vertrag tritt als Zollunion in Kraft.

23.02.–02.06. Die Londoner Sechsmächte-Konferenz (USA, Großbritannien, Frankreich und die Benelux-Staaten) einigt sich ohne die Sowjetunion über die wirtschaftliche und politische Eingliederung Westdeutschlands in die westliche Welt.

17.03. Die Außenminister Frankreichs, Großbritanniens und der Benelux-Länder unterzeichnen den „Brüsseler Pakt“ (sog. Westunion) über wirtschaftliche, soziale und kulturelle Zusammenarbeit und kollektive Verteidigung.

24.03. Abschluß der GATT-Konferenz und Unterzeichnung der Charta für die internationale Organisation des Handelsverkehrs durch 54 Staaten in Havanna (sog. Charta von Havanna). Die Charta wird jedoch nicht ratifiziert, sodaß die darin vorgesehene Internationale Handelsorganisation (ITO) nicht geschaffen werden kann. → 15.04. 1994, → 01.01.1995

02.04. Der US-Kongreß stimmt dem Gesetz für wirtschaftliche Zusammenarbeit zu, das die Einrichtung einer eigenen Institution (= die zwei Wochen später gegründete OEEC) enthält, welche mit der Verwaltung des amerikanischen Hilfsprogramms für Europa und der Ausarbeitung einer gemeinsamen Wirtschaftspolitik beauftragt wird.

06.04. Finnland und die UdSSR schließen den „Vertrag über Freundschaft, Zusammenarbeit und gegenseitige Hilfe“. Die Neutralität und die Respektierung der außenpolitischen Interessen der Sowjetunion hindern jedoch Finnland nicht, in der Folgezeit die Beziehungen zum Westen auszubauen.

15.04. Luxemburg gibt seine immerwährende Neutralität auf und tritt 1949 der NATO bei.

16.04. Gründung der OEEC zur wirksamen Verteilung der Mittel des European Recovery Program (ERP oder sog. Marshall-Plan) in Paris. Zu den 17 Gründungsmitgliedern zählen Belgien, Dänemark, Großbritannien, Frankreich, Griechenland, Irland, Island, Österreich, Italien, Luxemburg, Norwegen, Niederlande, Portugal, Schweden, Schweiz, Türkei und (West-)Deutschland. Jugoslawien und Finnland werden assoziiert. Weiteres Ziel neben der Verteilung der Marshall-Planhilfe ist eine engere wirtschafts- und währungspolitische Kooperation, dabei vor allem der Abbau von Handelsschranken. Ab 1961 werden die Aufgaben der OEEC von der Nachfolgeorganisation OECD weitergeführt.

08.05.–10.05. Erster Haager Kongreß für die europäische Einheit. An dem vom Koordinierungsausschuß für die Europäische Einheit einberufenen Kongreß nehmen rund 800 Delegierte aus den meisten europäischen Ländern teil, wobei ein Teil der sozialistischen Parteien Westeuropas aufgrund der ablehnenden Haltung der britischen Labour Party fernbleibt. Zu den wichtigsten Organisationen, die in Den Haag vertreten sind, zählen das von Winston Churchill gegründete United Europe Movement, die UEF, die Sozialistische Bewegung für die Vereinigten Staaten von Europa, die LECE und die christlich orientierten NEI. In den Resolutionen wird die schrittweise Herbeiführung eines geeinten demokratischen Europa bei voller Beibehaltung der nationalen Kompetenzen und die Schaffung eines Europarats gefordert.

24.06. Die UdSSR beginnt die Blockade der Berliner Westsektoren. Die Westmächte unterhalten 11 Monate lang eine Luftbrücke zur Versorgung der Stadt. → 12.05.1949

27.06. Die KP Jugoslawiens wird nach längeren ideologischen Auseinandersetzungen aus der KOMINFORM ausgeschlossen. Es folgt eine Wirtschaftsblockade Jugoslawiens durch den Ostblock und eine behutsame Annäherung an den Westen. Der jugoslawisch-sowjetische Konflikt wird im Juni 1955 mit der Anerkennung eines jugoslawischen Sonderwegs beendet.

01.07. Die letzte funktionierende gemeinsame Einrichtung der vier Siegermächte in Deutschland, die Berliner Kommandatur, wird von den Sowjets geschlossen.

02.07. Österreich unterzeichnet ein fünfjähriges ERP-Abkommen mit den USA.

10.07. Unterzeichnung des OEEC-Vertrags durch Österreich.

19.07. Frankreichs Außenminister Georges Bidault schlägt dem Beratenden Rat des Brüsseler Pakts vor, umgehend ein europäisches Bundesparlament mit dem Ziel einzuberufen, in kurzer Zeit eine Zoll- und Wirtschaftsunion zu verwirklichen. Dieser Vorschlag wird von der britischen Labour-Regierung unter Clement Attlee zurückgewiesen.

18.08. Das Internationale Komitee der Bewegung für ein vereintes Europa, eine vom Haager Kongreß geschaffene Organisation, fordert die fünf Mächte des Brüsseler Pakts zur Einberufung einer europäischen Versammlung auf. In dieser sollten zunächst jeweils 25 Abgeordnete eines jeden Parlaments der fünf Paktländer vertreten sein, die später um weitere Delegierte aus allen anderen OEEC-Mitgliedstaaten zu ergänzen sind.

27.08. Österreich wird Mitglied des Internationalen Währungsfonds IMF und der Internationalen Bank für Wiederaufbau und Entwicklung IBRD.

02.09. Frankreich und Belgien greifen den Vorschlag des Internationalen Komitees der Bewegung für ein vereintes Europa vom 18.08.1948 auf und legen ihn dem Beratenden Rat des Brüsseler Pakts (Westunion) vor. Die Regierung der Niederlande schließt sich nach einigem Zögern der Initiative an.

25.10. Gründung der Europäischen Bewegung als Dachorganisation der bedeutendsten Europa-Verbände.

26.10. Großbritannien lehnt den französisch-belgischen Plan einer Europäischen Parlamentarischen Versammlung ab und schlägt seinerseits im Beratenden Rat des Brüsseler Pakts die Bildung eines europäischen Ministerausschusses vor.

17.12. Ein vom Beratenden Rat des Brüsseler Pakts eingesetzter Ausschuß, der eine gemeinsame Position der fünf Westunions-Mächte erarbeiten soll, geht ohne Ergebnis auseinander.

25.01. Die UdSSR gründet in Moskau mit Polen, der Tschechoslowakei, Ungarn, Bulgarien und Rumänien den „Rat für gegenseitige Wirtschaftshilfe“ (RGW; COMECON). Aufgaben des Rats sind gegenseitige technische Hilfe, Warenaustausch und die Koordinierung der Wirtschaftspläne der Mitgliedstaaten. Der COMECON beschränkt sich auf bilaterale Handelsbeziehungen.

27.01.–28.01. Die fünf Bündnisstaaten des Brüsseler Pakts einigen sich in der Versammlung des Beratenden Rats auf die Gründung des Europarats.

22.02. Albanien tritt dem COMECON bei.

26.03. Frankreich und Italien unterzeichnen einen Vertrag zur Errichtung einer Zollunion (sog. Francita-Vertrag), der jedoch nicht ratifiziert wird.

04.04. Unterzeichnung des NATO-Vertrags in Washington durch Belgien, Großbritannien, Kanada, Dänemark, Frankreich, Island, Italien, Luxemburg, die Niederlande, Norwegen, Portugal und die USA. → 24.08.1949

11.04. Eröffnung der GATT-Zollkonferenz von Annecy (Frankreich), mit der erstmals auch Schweden, Dänemark und Finnland in die Zollabbauverhandlungen einbezogen werden. → 27.08.1949

18.04. Irland wird am Jahrestag des Osteraufstands von 1916 unabhängige Republik.

05.05. Gründung des Europarats durch das Zehnmächteabkommen von London. Unterzeichnerstaaten sind neben den fünf Bündnisstaaten des Brüsseler Pakts – Frankreich, Großbritannien, Belgien, Niederlande und Luxemburg – auch Italien, Dänemark, Irland, Norwegen und Schweden. Ziele des Europarats, dessen Sitz in Straßburg festgelegt wird, sind die Zusammenarbeit der Mitglieder und die Förderung des wirtschaftlichen und sozialen Fortschritts in Europa. Seine Satzung sieht zwei Organe vor, ein Ministerkomitee mit Entscheidungsbefugnissen und eine „Beratende Versammlung" als parlamentarische Einrichtung.

12.05. Beendigung der sowjetischen Blockade von Westberlin.

20.05. Das Grundgesetz der Bundesrepublik Deutschland wird verkündet.

03.08. Die Satzung des Europarats tritt in Kraft.

08.08. Erste Tagung der Beratenden Versammlung des neugegründeten Europarats in Straßburg.

24.08. Der Nordatlantikpakt (NATO) tritt in Kraft.

27.08. Abschluß der GATT-Konferenz von Annecy, bei der insgesamt 147 bilaterale Verträge ausverhandelt werden.

06.09. Die Beratende Versammlung des Europarats bezeichnet die Einrichtung einer Europäischen Politischen Behörde als ihr Ziel.

07.10. Gründung der Deutschen Demokratischen Republik (DDR).

29.10.–31.10. Die Union Europäischer Föderalisten (UEF) verabschiedet auf ihrer Generalversammlung den Vorschlag eines europäischen Föderationspakts („pacte fédéral"), den die Beratende Versammlung des Europarats ausarbeiten und allen Mitgliedstaaten zuleiten soll. Der Pakt sieht eine Konföderation beginnend mit Frankreich, Italien und den Beneluxländern sowie Westdeutschland, ein europäisches Regierungssystem mit direkt gewähltem Parlament, einer Staatenkammer und eine Exekutive mit einem von den Mitgliedstaaten unabhängigen Beamtenapparat vor und entspricht in seinen Grundzügen dem Entwurf des Vertrags für eine Europäische Union, den das Europäische Parlament 35 Jahre später, im Jahre 1984, vorlegt.

05.11.–07.11. Dritter Kongreß der Sozialistischen Bewegung für die Vereinigten Staaten von Europa in Paris, auf dem die Einrichtung einer Europäischen Politischen Autorität mit wirtschaftlichen, außenpolitischen und verteidigungspolitischen Vollmachten gefordert wird.

08.12.–12.12. Konferenz der Europäischen Bewegung über Kulturfragen in Lausanne, bei der die Gründung eines Europäischen Kulturzentrums in Genf beschlossen wird.

09.12. Die Konferenz der Sachverständigen Frankreichs, Italiens und der Benelux-Staaten über eine Wirtschaftsunion empfiehlt ihren Regierungen den Abbau der Handelsbeschränkungen um 60% sowie die Einrichtung eines gemeinsamen Währungsfonds.

15.12. In Stockholm beginnen Gespräche zwischen Großbritannien, Schweden, Norwegen und Dänemark über das von Großbritannien vorgeschlagene Projekt einer britisch-skandinavischen Wirtschaftsunion („Uniscan").

– Die Europäische Parlamentarische Union fordert bei ihrer Tagung in Gstaad (Schweiz) die Errichtung eines europäischen Staatenbundes mit Einbeziehung Deutschlands bis 1952, eine europäische Verfassung mit europäischen Organen für Außenpolitik, Finanzen, Wirtschaft und Verteidigung sowie die Einführung einer gemeinsamen Währung und einer europäischen Armee.

16.12. Beschluß von österreichischen Parlamentariern zur Schaffung eines parlamentarischen Rats der Europäischen Bewegung in Österreich. Als Vorsitzende werden die Nationalratsabgeordneten Minister Eduard Ludwig (ÖVP) und Dr. Bruno Pittermann (SPÖ) gewählt.

21.01. Die Europäische Bewegung legt auf Ersuchen des Europarats ein Memorandum über „Die Schaffung einer Europäischen Politischen Behörde" vor.

03.02. Abschluß der 12 Saar-Konventionen zwischen der Regierung des autonomen Saarlandes und der französischen Regierung in Paris.

04.04. Der Saarländische Landtag ratifiziert mit 47 gegen 1 Stimme die am 03.02.1950 in Paris abgeschlossenen Saar-Konventionen.

09.05. Der französische Außenminister Robert Schuman schlägt in seiner Erklärung über die Montanunion die Schaffung einer Behörde zur Kontrolle der Kohle- und Stahlproduktion in der Bundesrepublik und in Frankreich vor (sog. Schuman-Plan). Durch wirtschaftliche Interessenverflechtung soll die Möglichkeit eines künftigen Kriegs zwischen den beiden Ländern ausgeschlossen werden. Schuman bezeichnet die Montanunion dabei ausdrücklich als „Etappe" bzw. „Grundstein" einer „europäischen Föderation".

Robert Schuman (1886–1963):
Französischer Premierminister 1947–1948, danach Außenminister 1948–1952. Der nach ihm benannte Plan führte zur Gründung der Europäischen Gemeinschaft für Kohle und Stahl (EGKS, auch „Montanunion"). Schuman zählte auch als Präsident der Europäischen Bewegung 1956–1962 sowie ab 1958 als erster Präsident der sog. Parlamentarischen Versammlung (später: Europäisches Parlament) zu den führenden Vertretern der wirtschaftlichen und politischen Integration Westeuropas.

14.06. Der niederländische Außenminister und Präsident des OEEC-Rats, Dirk U. Stikker, legt einen

Aktionsplan für die wirtschaftliche Integration Europas vor, worin u.a. die Liberalisierung innerhalb der festgelegten prozentualen Grenzen für alle Waren vorgeschlagen wird. Der staatliche Handel bleibt von den Liberalisierungen weiterhin ausgenommen, hingegen wird die schrittweise Integration aller Wirtschaftszweige, beginnend mit den Schlüsselindustrien und der Landwirtschaft befürwortet. Weiters sieht der sog. Stikker-Plan die Bildung eines europäischen Investitionsfonds zur Finanzierung der Integrationskosten vor.
Als unmittelbare Reaktion darauf legt Anfang Juli 1950 der italienische Außenminister Giuseppe Pella namens der italienischen Regierung seinen Plan zur Verwirklichung eines einheitlichen europäischen Marktes vor. Der sog. Pella-Plan sieht u.a. die Schaffung eines zeitlich befristeten europäischen Zollbegünstigungsgebietes, die schrittweise Abschaffung der Warenkontingentierungen und anderer diskriminierender Maßnahmen sowie die Einrichtung eines gemeinsamen Investitionsfonds vor.

20.06. Beginn der Regierungskonferenz zur Schaffung der Europäischen Gemeinschaft für Kohle und Stahl (EGKS) auf der Grundlage des Schuman-Plans zwischen Deutschland, Frankreich, Großbritannien, Italien und den Benelux-Staaten unter dem Vorsitz von Jean Monnet in Paris.

25.06. Beginn des Koreakriegs, der eine Änderung der zuvor ablehnenden Haltung der USA gegenüber einer eigenständigen europäischen Verteidigungspolitik und insbesondere der militärischen Integration Westdeutschlands bewirkt.

07.07. Der französische Finanzminister Maurice Petsche stellt bei der 102. Ratstagung der OEEC seinen Plan zur wirtschaftlichen Integration Europas vor, der neben einer weitgehenden Liberalisierung des Handels auch die Ausweitung der Produktion – unabhängig von nationalen Bedürfnissen und Kapazitäten – nach gesamteuropäischem Maßstab vorsieht.

26.07. Entschließung des Deutschen Bundestags für einen europäischen Bundespakt.

11.08. Empfehlung der Beratenden Versammlung des Europarats zur Bildung einer Europäischen Armee unter angemessener demokratischer Kontrolle.

18.08. Beschluß eines Liberalisierungsprogramms für den innereuropäischen Handel durch den OEEC-Rat. Bis 1955 sollen die Exportrestriktionen für den Handel mit Industrieprodukten weitgehend beseitigt werden.

26.08. Der französische Minister Edouard Bonnefous unterbreitet dem Beratenden Ausschuß des Europarats den Plan einer Europäischen Transport-Gemeinschaft (sog. Transport-Pool), der nach dem Muster der EGKS (Montanunion) ausgearbeitet ist. Der Bonnefous-Plan bezieht nicht nur Eisenbahnen, Straßen und Binnenwasserstraßen, sondern auch die Luftfahrt und Hafeneinrichtungen ein.

28.08. Empfehlung der Beratenden Versammlung des Europarats zur Bildung europäischer Behörden, wobei den Mitgliedern der Beitritt freigestellt bleiben soll.

19.09. Die Mitgliedstaaten der OEEC unterzeichnen das Abkommen über die Europäische Zahlungsunion (EZU), wonach der Zahlungsverkehr zwischen den Vertragsstaaten über die Bank für Internationalen Zahlungsausgleich (BIZ) geregelt werden soll. Die Salden der Zahlungen werden teils durch Kredite, teils durch Gold- oder Dollarzahlungen ausgeglichen. Die EZU wird am 1958 durch das Europäische Währungsabkommen (EWA) abgelöst. → 27.12.1958

28.09. Eröffnung der GATT-Konferenz von Torquay. → 21.04.1951

29.09. Die DDR tritt dem COMECON bei.

24.10. Der französische Premierminister René Pleven schlägt die Schaffung einer integrierten europäischen Armee vor, an der auch westdeutsche Kontingente beteiligt werden sollen (sog. Pleven-Plan).

René Pleven (1901–1993):
Französischer Politiker, Premierminister 1950–1952. Der nach ihm benannte Plan einer gemeinsamen europäischen Armee bildete die Grundlage der angestrebten, jedoch gescheiterten Europäischen Verteidigungsgemeinschaft (EVG).

04.11. Verabschiedung der Europäischen Konvention zum Schutz der Menschenrechte und Grundfreiheiten (sog. Europäische Menschenrechtskonvention, EMRK) durch den Europarat. → 03.09.1953

08.11. Die Paneuropa-Bewegung legt ihr Memorandum „Ein europäischer Bundesstaat vor 1952" vor.

13.11. Ablehnung des Pleven-Plans durch Großbritannien, das nicht bereit ist, eine übernationale Behörde bzw. ein Europäisches Parlament zu akzeptieren.

15.11. Die französische Nationalversammlung stimmt der Bildung europäischer Behörden zu.

16.11. Zustimmung des deutschen Bundestags zur Bildung einer europäischen Armee unter demokratischer Kontrolle.

23.11. Die Beratende Versammlung des Europarats genehmigt mit 73 Stimmen bei 7 Gegenstimmen und 16 Enthaltungen den Plan des britischen

Parlamentsabgeordneten und bekannten Föderalisten Ronald Mackay, der die Umbildung des Europarats in eine europäische politische Behörde vorsieht. Dem Mackay-Plan zufolge soll die Gesetzgebung durch ein Oberhaus und ein Unterhaus erfolgen. Ein Exekutivrat, der mit realen Kompetenzen im Wirtschafts-, Finanz- und anderen Bereichen ausgestattet ist, unterliegt der Kontrolle durch beide Kammern.

24.11. Empfehlung der Beratenden Versammlung des Europarats zur Schaffung einer Europäischen Armee.

15.12. In Brüssel werden drei internationale Zollabkommen paraphiert, wovon nur das Abkommen über die Gründung eines Zollrats ratifiziert wird und in Kraft tritt.

02.02. Gründung des „Verfassungskomitees für die Vereinigten Staaten von Europa“ in Basel durch 72 Abgeordnete der Beratenden Versammlung des Europarats. Das Komitee arbeitet auf der Grundlage des Paneuropa-Memorandums von 1950 einen Verfassungsentwurf aus.

15.02. Beginn der Verhandlungen über den Pleven-Plan zwischen den Regierungen Belgiens, der Bundesrepublik Deutschland, Frankreichs, Italiens, Luxemburgs und der Niederlande mit dem Ziel, eine Europäische Verteidigungsgemeinschaft (EVG) zu schaffen.

19.03. Paraphierung des Vertrags über die Gründung der Europäischen Gemeinschaft für Kohle und Stahl (EGKS, sog. Montanunion) durch die Außenminister der „Sechs“ in Paris.

29.03. Französisches Memorandum an die Mitglieder des Europarats über die Gründung einer europäischen Agrarmarktorganisation. Das Memorandum (sog. Pflimlin-Plan) wird im Europarat jedoch abgelehnt.

08.04. Aufnahme der Bundesrepublik Deutschland in den Europarat.

18.04. Frankreich, die Bundesrepublik Deutschland, Italien und die Benelux-Staaten (die sog. Sechs) unterzeichnen in Paris den Vertrag über die Gründung der Europäischen Gemeinschaft für Kohle und Stahl (EGKS; Montanunion). Die Zölle und mengenmäßigen Beschränkungen in den Sektoren Kohle, Stahl, Eisenerz und Schrott sollen abgeschafft werden. Die Mitgliedstaaten übertragen Souveränitätsrechte an eine supranationale Einrichtung, die „Hohe Behörde“, mit Sitz in Luxemburg. → 01.01.1952

21.04.	Abschluß der GATT-Konferenz von Torquay.
02.05.	Die Bundesrepublik Deutschland wird Mitglied des Europarats.
04.05.	Das Ministerkomitee des Europarats faßt den Beschluß, europäische Fachbehörden einzurichten.
05.05.	Der Bonnefous-Plan einer europäischen Transportbehörde wird der Beratenden Versammlung des Europarats vorgelegt, jedoch nicht weiterverfolgt.
19.06.	Der österreichische Nationalrat genehmigt den GATT-Beitritt des Landes.
14.09.	Die drei Westmächte begrüßen den Plan zur Schaffung einer Europäischen Verteidigungsgemeinschaft (EVG).
20.09.	Robert Schuman schlägt die Schaffung einer supranationalen Europäischen Politischen Behörde vor.
–	Das Interzonenabkommen zwischen der Bundesrepublik Deutschland und der DDR regelt den Warenaustausch zwischen beiden Staaten über Verrechnungseinheiten.
01.10.	Die Bundesrepublik Deutschland wird Vertragspartei des GATT.
19.10.	Österreich wird Mitglied des GATT und erhält die unbedingte Meistbegünstigungsklausel.
24.11.	Österreich erhält Beobachterstatus beim Europarat in Straßburg.
05.12.	Österreich entsendet offizielle Beobachter in den Europarat.

– Schweden, Dänemark und Norwegen gründen den für wirtschaftliche und soziale Fragen zuständigen Nordischen Rat, einem aus Parlamentariern zusammengesetzten beratenden Organ.

18.12. Winston Churchill und Anthony Eden lehnen eine Übertragung von Souveränitätsrechten Großbritanniens an eine europäische Behörde ab. Das britische Veto gegen den sog. Mackay-Plan im Ministerausschuß des Europarats führt zum Rücktritt des Präsidenten der Beratenden Versammlung, Paul Henri Spaak.

18.02. Griechenland und die Türkei werden Mitglieder der NATO.

10.03. In einem diplomatischen Vorstoß gegen die geplante Europäische Verteidigungsgemeinschaft (EVG) bietet die UdSSR den Westmächten Verhandlungen über einen Friedensvertrag mit Deutschland an. Der Friedensvertragsentwurf sieht ein einheitliches, neutrales Deutschland und den Abzug der Besatzungstruppen vor.

19.03. Der britische Außenminister Anthony Eden veröffentlicht einen Plan zur Koordinierung der Zusammenarbeit zwischen dem Europarat, der EGKS und der EVG. Der sog. Eden-Plan sieht die Errichtung organischer Verbindungen sowohl auf ministerieller wie parlamentarischer und administrativer Ebene vor, wobei der Europarat den Rahmen für alle auf die Einheit Europas ausgerichteten Bestrebungen und Organisationen bildet. Damit sollen auch jene Staaten, wie z.B. Großbritannien, die nicht Mitglied der EGKS sind, in den Fortgang des europäischen Integrationsprozesses einbezogen werden.

Anthony Eden (1897–1977):
Britischer Außenpolitiker. Außenminister unter Winston Churchill 1951–1955, Premierminister 1955–1957 (Rücktritt).

23.05. Grundsätzliche Billigung des Eden-Plans durch das Ministerkomitee des Europarats. Die Beratende Versammlung wird um Meinungsäußerung ersucht.

27.05. Die Außenminister Frankreichs, der Bundesrepublik Deutschland, Italiens und der Benelux-Staaten unterzeichnen in Paris den Vertrag über die Europäische Verteidigungsgemeinschaft (EVG), der jedoch 1954 in der französischen Nationalversammlung scheitert und nie in Kraft tritt. Das auf dem Pleven-Plan basierende Abkommen soll die von den USA geforderte Wiederbewaffnung der Bundesrepublik Deutschland im Rahmen einer integrierten europäischen Armee ermöglichen.

30.05. Die Beratende Versammlung des Europarats billigt ebenfalls den Eden-Plan im Grundsatz, hält aber am Ziel einer Europäischen Politischen Gemeinschaft (EPG) fest, wozu ein ad-hoc Komitee zur Ausarbeitung der Statuten eingerichtet wird.

16.07. Großbritannien lehnt eine Teilnahme an der EPG ab.

23.07. Der Vertrag über die Gründung der Europäischen Gemeinschaft für Kohle und Stahl (EGKS) tritt für die Dauer von 50 Jahren in Kraft.

01.08. Eröffnung deutsch-französischer Gespräche über das Saarland in Paris.

10.08. Die Hohe Behörde, das Exekutivorgan der EGKS, nimmt unter der Präsidentschaft von Jean Monnet in Luxemburg ihre Arbeit auf.

Jean Monnet (1888–1979):
Französischer Politiker. Stellvertretender Generalsekretär des Völkerbunds 1919–1923, Präsident der Schuman-Plan-Konferenz zur Gründung der EGKS von 1950 bis 1952, Präsident der Hohen Behörde der EGKS 1952–1955. Gründung des Aktionskomitees für die Vereinigten Staaten von Europa 1955. Vom Europäischen Rat 1976 zum ersten „Ehrenbürger von Europa“ ernannt.

08.09.–10.09. Erste Tagung des Besonderen Ministerrats der EGKS unter dem Vorsitz von Konrad Adenauer in Luxemburg.

Konrad Adenauer (1876–1967):
Erster Bundeskanzler der Bundesrepublik Deutschland (1949–1963) und bedeutender Europapolitiker. Entwickelte die deutsch-französische Zusammenarbeit zu einer starken Achse der westeuropäischen Integration.

10.09. Die Gemeinsame Versammlung der EGKS, die in Straßburg unter dem Vorsitz von Paul-Henri Spaak ihre erste Sitzung abhält, wird von den Außenministern der Mitgliedstaaten beauftragt, einen Vertragsentwurf für eine Europäische Politische Gemeinschaft (EPG) auszuarbeiten.

Paul-Henri Spaak (1899–1972):
Belgischer Ministerpräsident (1947–1949) und langjähriger Außenpolitiker. Erster Präsident der Gemeinsamen Versammlung der EGKS 1952–1954. Ein von ihm geleiteter Sachverständigenausschuß legte im Juni 1955 einen Bericht vor (sog. Spaak-Bericht), der die Gründung der EWG bzw. EURATOM vorschlug.

10.12. Eröffnungssitzung des Gerichtshofs der EGKS in Luxemburg unter dem Vorsitz von Massimo Pilotti.

– Island tritt dem Nordischen Rat bei.

30.12. Veröffentlichung der ersten Ausgabe des Amtsblatts der EGKS.

10.02. Eröffnung des gemeinsamen Marktes der EGKS für Kohle, Eisenerz und Schrott.

13.02.–21.02. Erste Tagung des Nordischen Rats in Kopenhagen. Teilnehmerstaaten sind Dänemark, Island, Norwegen und Schweden. Beschlossen werden u.a. Empfehlungen über die Bildung einer nordischen Postunion sowie zur Zusammenarbeit im Gesundheitswesen.

27.02. Unterzeichnung des Londoner Schuldenabkommens zwischen der Bundesrepublik Deutschland und den drei Westmächten sowie 17 weiteren Staaten, in dem die Frage der deutschen Vorkriegsschulden geregelt wird.

28.02. Abschluß eines Freundschafts- und Kooperationsvertrags (sog. Balkanpakt) zwischen Jugoslawien, Griechenland und der Türkei.

05.03. Tod des sowjetischen Ministerpräsidenten und Generalsekretärs der KPdSU, Josef W. Stalin.

10.03. Der Vertragsentwurf für die EPG wird den EGKS-Mitgliedstaaten vorgelegt und von der sog. ad-hoc Versammlung angenommen. Der Entwurf sieht die Schaffung einer supranationalen politischen Autorität vor.

01.05. Eröffnung des gemeinsamen Marktes der EGKS für Stahl.

13.05. Die Außenminister der „Sechs“ einigen sich nicht auf den Satzungsentwurf der Europäischen Politischen Gemeinschaft (EPG).

17.06. Arbeiteraufstand in Ostberlin und danach in anderen Teilen der DDR.

22.06. Erste Gemeinsame Tagung der Versammlung der EGKS und der Beratenden Versammlung des Europarats in Straßburg.

30.06. Das fünfjährige ERP-Abkommen zwischen Österreich und den USA läuft ab.

01.07. Unterzeichnung des Abkommens von Paris, mit dem die Europäische Organisation für Kernforschung CERN mit Sitz in Genf gegründet wird. → 09.09.1954

27.07. Ende des Koreakriegs.

08.08. Die Außenminister der „Sechs" beauftragen ihre Stellvertreter mit der Ausarbeitung neuer Vorschläge zur EPG.

03.09. Die Europäische Menschenrechtskonvention (EMRK) tritt in Kraft.

26.09.–28.09. Die Außenminister der EGKS prüfen die neuen Vorschläge ihrer Stellvertreter für eine Satzung der EPG und setzen einen Ausschuß zu deren Ausarbeitung ein.

31.12. Das Gründungsprotokoll der Europäischen Transportminister-Konferenz (CEMT) tritt in Kraft. Das Protokoll, das von allen OECD-Ländern mit Ausnahme Islands und Irlands unterzeichnet wird, sieht die Zusammenarbeit auf dem Gebiet des Transportwesens vor. Die Konferenz wird als ständige Organisation mit Sitz in Paris, einem Ministerrat als beschlußfassendem Organ, einem Vertreter-Ausschuß und einem Generalsekretariat eingerichtet.

12.01. US-Außenminister John Foster Dulles propagiert die neue, auf der Androhung des vollen Einsatzes der Atomwaffen basierende Strategie der „massiven Vergeltung“ gegen einen Angriff aus dem Osten.

09.04. Österreich wünscht die Aufnahme von Zollverhandlungen mit der EGKS.

26.04. Beginn der Korea- und Indochinakonferenz in Genf.

05.05. Einführung des Europäischen Schülerwettbewerbs unter Schirmherrschaft des Europarats.

11.05. Wahl von Alcide de Gasperi zum Präsidenten der Versammlung der EGKS.

De Gasperi, Alcide (1881–1954):
Italienischer Ministerpräsident (1945–1953) und Außenpolitiker, maßgeblicher Vertreter der europäischen Integration. Präsident der Gemeinsamen Versammlung der EGKS 1954.

18.05. Bildung der Europäischen Kommission für Menschenrechte in Straßburg.

06.06. Erste Eurovisions-Übertragung über die Koordinationsstelle in Lille.

01.08. Eröffnung des Gemeinsamen Marktes für Spezialstähle.

30.08. Die französische Nationalversammlung lehnt die Ratifizierung der EVG-Verträge mit 319 Gegen- bei 219 Pro-Stimmen ab. Dadurch scheitert endgültig auch das politisch damit eng verknüpfte Projekt der Europäischen Politischen Gemeinschaft (EPG), insgesamt ein schwerer Rückschlag für den westeuropäischen Integrationsprozeß.

09.09. Inkrafttreten der Pariser Konvention über die Gründung der Europäischen Organisation für Kernforschung CERN in Genf.

20.10.–23.10. Unterzeichnung der vier sog. Pariser Verträge durch Belgien, die Bundesrepublik Deutschland, Frankreich, Italien, Luxemburg, Niederlande, Großbritannien, sowie Kanada und USA. Neben dem Protokoll über die Beendigung des Besatzungsregimes über die Bundesrepublik Deutschland sowie deren Aufnahme in die NATO wird auch der Vertrag über den Beitritt Deutschlands und Italiens zum Brüsseler Pakt (sog. Westunion) unterzeichnet, der dadurch zur Westeuropäischen Union (WEU) erweitert wird. Die Gründung der WEU gilt als Ersatz für die gescheiterte Europäische Verteidigungsgemeinschaft (EVG). Der deutsche Bundeskanzler Konrad Adenauer und der französische Ministerpräsident Pierre Mendès-France unterzeichnen auch das deutsch-französische Saarabkommen, das die Durchführung eines Referendums über das „Europäische Saar-Statut" am 23.10.1955 beinhaltet. → 05.05.1955

31.10. Beginn des Freiheitskampfes der FLN in Algerien, der 1962 mit dem Waffenstillstand von Evian, Garantien für die Algerienfranzosen und der Zusicherung der vollen Unabhängigkeit endet.

13.11. Die UdSSR reagiert auf die WEU mit einer Einladung an 23 europäische Staaten und die USA zu einer „Konferenz für die Schaffung eines Systems der kollektiven Sicherheit in Europa" zusammenzukommen. Die westlichen Staaten lehnen den Vorschlag ab.

15.11. Einführung der Visumfreiheit unter den Mitgliedstaaten des Europarats.

14.12. Der österreichische Ministerrat beschließt den Verzicht auf eine Wiederaufnahme der Verhandlungen mit der EGKS.

19.12. Unterzeichnung der Europäischen Kulturkonvention durch die Mitgliedstaaten des Europarats in Paris. Ziel der Konvention ist die Förderung und Entwicklung des gemeinsamen europäischen kulturellen Erbes, wobei Kulturaustausch und der Schutz von Kulturgütern im Vordergrund stehen. → 05.05.1955

21.12. Abschluß eines Assoziierungsabkommens der EKGS-Staaten mit Großbritannien.

03.05.	Proklamation der vollen Souveränität der Bundesrepublik Deutschland.
05.05.	Der Vertrag über die Westeuropäische Union (WEU), die den Brüsseler Pakt ablöst, tritt in Kraft. Als neue Mitglieder gehören Italien und die Bundesrepublik Deutschland der WEU an.
–	Die Europäische Kulturkonvention tritt in Kraft.
09.05.	Offizielle Aufnahme der Bundesrepublik Deutschland in die NATO.
14.05.	Die UdSSR, die Tschechoslowakei, Ungarn, Polen, Albanien, Bulgarien und Rumänien schließen den „Vertrag über Freundschaft, Zusammenarbeit und gegenseitigen Beistand" (sog. Warschauer Pakt), der die politische und militärische Kooperation der osteuropäischen Länder begründet.
15.05.	Unterzeichnung des Staatsvertrags zwischen Österreich und den USA, Großbritannien, Frankreich sowie der UdSSR. Das Besatzungsstatut wird aufgehoben und Österreich als unabhängiger Staat in den Grenzen vom 01.01.1938 anerkannt. Österreich, das sich schon zuvor auf dauernde militärische Neutralität festgelegt hat, akzeptiert Rüstungsbeschränkungen und verpflichtet sich, künftig mit Deutschland keine politische oder wirtschaftliche Vereinigung einzugehen.
20.05.	Benelux-Memorandum über die Fortführung der europäischen Integration in den Bereichen Verkehr, Energiewirtschaft, gemeinsamer Markt und Sozialpolitik.
01.06.–02.06.	Konferenz der Außenminister der EGKS-Staaten in Messina. Beschlossen wird ein Sechspunkteprogramm auf der Basis des Benelux-Memoran-

dums und die Einsetzung eines Komitees unter Vorsitz von Paul-Henri Spaak zur Ausarbeitung von Vorschlägen für den weiteren europäischen Einigungsprozeß insbesondere im Hinblick auf eine allgemeine Wirtschaftsgemeinschaft und eine Atom-Gemeinschaft.

26.06. Regierungskonferenz der EGKS-Mitgliedstaaten unter dem Vorsitz von Paul-Henri Spaak in Brüssel, bei der die in Messina gefaßten Beschlüsse diskutiert werden.

05.07. Konstituierung der Europäischen Kommission für Menschenrechte in Straßburg.

18.07.–20.07. Genfer Gipfelkonferenz der vier Mächte USA, UdSSR, Großbritannien und Frankreich. Mit den Gesprächen über atomare Abrüstung und dem Beginn von Truppenreduktionen scheint sich die Chance einer Entspannung zwischen Ost und West anzubahnen. Die Krisen im folgenden Jahr (Suez, Polen, Ungarn) machen diese Hoffnung aber zunichte.

05.08. Unterzeichnung des Europäischen Währungsabkommens (EWA). → 27.12.1958

10.09. Die UdSSR nimmt diplomatische Beziehungen zur Bundesrepublik Deutschland auf.

13.10. Jean Monnet begründet das Aktionskomitee für die Vereinigten Staaten von Europa.

23.10. Bei der Volksabstimmung im Saarland wird das Europäische Saarstatut und damit die Autonomie des Saarlandes unter der Kontrolle der WEU abgelehnt.

26.10. Der österreichische Nationalrat beschließt das Bundesverfassungsgesetz über die immerwährende Neutralität und die Notifikation desselben an alle Staaten, mit denen Österreich diplomatische Beziehungen unterhält. Eine Zugehörigkeit zu internationalen nichtmilitärischen Organisationen ist damit nicht ausgeschlossen.

14.12. Österreich wird Mitglied der UNO.

18.01.	Das von Jean Monnet gegründete „Aktionskomitee für die Vereinigten Staaten von Europa verabschiedet bei seinem ersten Zusammentreten eine Resolution und Deklaration über die Europäische Atomenergiekommission.
–	Beginn der Genfer GATT-Konferenz.
28.01.	Die DDR tritt dem Warschauer Pakt bei.
14.02.–25.02.	XX. Parteitag der KPdSU. Die sog. Geheimrede Nikita S. Chruschtschows über die Verbrechen der Stalinzeit bildet den Auftakt zur Entstalinisierung.
21.02.	Beschluß der österreichischen Bundesregierung, um Aufnahme in den Europarat anzusuchen.
01.03.	Der Nationalrat genehmigt den Beitritt Österreichs zum Europarat.
16.04.	Beitritt Österreichs zum Europarat.
17.04.	Auflösung der KOMINFORM durch die sowjetische Führung.
27.04.	Der sog. Spaak-Ausschuß legt den Außenministern der EGKS-Mitgliedstaaten seinen Bericht vor.
08.05.	Zollabkommen der EGKS mit Österreich im Rahmen des GATT.
29.05.–30.05.	Konferenz der EGKS-Außenminister in Venedig. Ein Komitee von Regierungsvertretern wird eingesetzt, um auf der Grundlage des Spaak-Berichts Verträge zur Gründung einer Europäischen Wirtschaftsgemeinschaft (EWG) und einer Europäischen Atomgemeinschaft (EURATOM) auszuarbeiten.

04.06.–05.06. Entscheidender Schritt in der deutsch-französischen Versöhnung durch die Übereinkunft, das Saarland am 01.01.1957 in die Bundesrepublik Deutschland einzugliedern.

26.06. Aufnahme der Verhandlungen über die Verträge zur Gründung der EWG und der EURATOM durch eine Regierungskonferenz unter der Leitung von Paul-Henri Spaak in Brüssel.

28.06.–29.06. Generalstreik im polnischen Poznán (Posen). Der Aufstand wird vom Militär niedergeschlagen, es kommt jedoch unter teilweiser Berücksichtigung der Arbeiterforderungen zu Reformen in Partei und Staat.

18.07. OEEC-Vorschlag einer Großen Freihandelszone.

26.07. Verstaatlichung des Suez-Kanals durch Ägypten. Sie löst die Suez-Krise und eine britisch-französische Militäraktion aus.

03.10. Großbritannien befürwortet die Schaffung einer Freihandelszone, der neben westeuropäischen Ländern auch Mitglieder des Commonwealth beitreten sollen.

20.10.–11.11. Aufstand in Ungarn, der von sowjetischen Truppen niedergeschlagen wird. Nach der Entmachtung Imre Nagys, der den Austritt aus dem Warschauer Pakt und die Neutralität Ungarns verkündet, wird am 04.11.1956 eine neue moskautreue Regierung unter János Kádár gebildet, die an einigen Reformelementen festhält.

05.11. Landung britisch-französischer Truppen in Ägypten.

03.12.–24.12. Abzug der britisch-französischen Streitkräfte aus Ägypten.

26.01.–28.01. Die Außenminister der sechs EGKS-Staaten verhandeln in Brüssel über die EWG- und EURATOM-Vertragsentwürfe. Strittig ist unter anderem die Frage der Einbeziehung der französischen Überseegebiete.

19.02.–20.02. Abschluß der Verhandlungen über die EWG- und EURATOM-Vertragstexte in Paris.

25.03. Unterzeichnung der Verträge über die Gründung der Europäischen Wirtschaftsgemeinschaft (EWG) und der Europäischen Atomgemeinschaft (EAG, EURATOM) einschließlich ihrer Zusatzprotokolle (u.a. das „Protokoll über den innerdeutschen Handel und die damit zusammenhängenden Fragen) durch die sechs EGKS-Staaten auf dem Kapitol in Rom (sog. Römische Verträge). Großbritannien lehnt eine Mitgliedschaft ab und schlägt statt dessen die Integration der EWG in eine große westeuropäische Freihandelszone vor. → 01.01.1958

– Mit dem „Abkommen über gemeinsame Organe der europäischen Gemeinschaften“ werden für EWG, EAG und EGKS eine einzige Versammlung (Parlament) und ein Gerichtshof eingerichtet, sowie ein Wirtschafts- und Sozialausschuß für EWG und EAG.

29.04. Die Mitgliedstaaten des Europarats unterzeichnen die Konvention über die friedliche Beilegung und Schlichtung von Streitfällen.

16.05. Ernennung von Paul-Henri Spaak zum Generalsekretär der NATO.

05.06. Großbritannien und die skandinavischen Staaten beraten über die Errichtung einer europäischen Freihandelszone.

02.10. Der polnische Außenminister Adam Rapacki schlägt vor der UN-Vollversammlung die Einrichtung einer atomwaffenfreien Zone in Mitteleuropa vor (sog. Rapacki-Plan).

16.10.–17.10. Der Ministerrat der OEEC befürwortet eine Freihandelszone, der alle OEEC-Mitglieder und die EWG angehören sollen.

13.12. Unterzeichnung des Europäischen Auslieferungsübereinkommens im Rahmen des Europarats.

20.12. Gründung eines Europäischen Gerichts für Kernenergie im Rahmen der OEEC.

01.01.	Die Verträge zur Gründung der Europäischen Wirtschaftsgemeinschaft (EWG) und der Europäischen Atomgemeinschaft (EURATOM) treten in Kraft. Konstituierung von Kommission und (Minister-) Rat der beiden neuen Gemeinschaften. Die drei Gemeinschaften erhalten nun eine gemeinsame parlamentarische Versammlung, das Europäische Parlament in Straßburg und einen gemeinsamen Europäischen Gerichtshof (EuGH) in Luxemburg.
–	Gründung der Europäischen Investitionsbank (EIB) als autonome EG-Institution mit Sitz in Luxemburg.
06.01.–07.01.	Walter Hallstein (Bundesrepublik Deutschland) wird erster Präsident der EWG-Kommission, Lois Armand (Frankreich) Präsident der EURATOM – Kommission.
	Walter Hallstein (1901–1982): Deutscher Jurist und Außenpolitiker, bekannt für seine Position des völkerrechtlichen Alleinvertretungsanspruchs der Bundesrepublik für Deutschland (sog. Hallstein-Doktrin). Erster Präsident der EWG-Kommission 1958–1967, danach Präsident der Europäischen Bewegung 1968–1974.
16.01.	Erste Sitzung der EWG-Kommission.
25.01.–26.01.	Konstituierende Sitzung des EWG-Rats. Belgien übernimmt nach der alphabetischen Reihenfolge den Vorsitz in der halbjährlich rotierenden Ratspräsidentschaft.
01.02.	Gründung der Europäischen Agentur für Kernenergie im Rahmen der OEEC.
03.02.	Gründung der Wirtschaftsunion Benelux zwischen Belgien, den Niederlanden und Luxemburg

durch Unterzeichnung des Staatsvertrags von Den Haag. Der Vertrag folgt auf das Währungsabkommen der drei Mitgliedstaaten vom 21.10. 1943 sowie das Zollabkommen vom 05.09.1944. Ziel der Benelux-Union ist die Gewährleistung des freien Verkehrs von Personen, Gütern, Kapital und Dienstleistungen. → 01.11.1960

22.02. Abkommen zwischen den USA und Großbritannien über die Lieferung von Mittelstreckenraketen an das Vereinigte Königreich.

19.03.–21.03. Konstituierende Sitzung des Europäischen Parlaments in Straßburg, bei der Robert Schuman als erster Präsident gewählt wird.

25.03. Österreichisches Memorandum zur Schaffung einer großen europäischen Freihandelszone.

15.04. Der Rat der EWG erläßt seine Verordnung Nr. 1 zur Regelung der Sprachenfrage. Als Amts- und Arbeitssprachen der EWG werden die vier Amtssprachen der sechs Mitgliedstaaten – Deutsch, Französisch, Italienisch und Holländisch – bestimmt.

20.04. Veröffentlichung der ersten Nummer des Amtsblatts der Europäischen Gemeinschaften, welches das Amtsblatt der EGKS ersetzt.

19.05. Erste Sitzung des Wirtschafts- und Sozialausschusses der EG.

03.07.–11.07. Die EWG-Landwirtschaftskonferenz in Stresa einigt sich über die Grundlinien der Gemeinsamen Agrarpolitik (GAP) und arbeitet ein Programm zur Angleichung der Agrarpreisniveaus und zur Rationalisierung der Agrarbetriebe aus.

27.08. Inkrafttreten eines Abkommens zwischen EURATOM und den USA.

07.10. Konstituierung des Gerichtshofs der drei europäischen Gemeinschaften in Brüssel.

14.11. Der Versuch, die EWG in eine große Freihandelszone aufgehen zu lassen, scheitert am Veto Frankreichs.

27.11. Die UdSSR fordert in ihrem Berlin-Ultimatum den Abzug der Westmächte aus der Stadt.

15.12. Der OEEC – Ministerrat stellt die Uneinigkeit der Mitgliedstaaten in der Frage der Bildung einer Europäischen Freihandelszone fest.

27.12. Das 1955 unterzeichnete Europäische Währungsabkommen (EWA) tritt in Kraft, wodurch die 1950 gegründete Europäische Zahlungsunion (EZU) ersetzt wird.

01.01.	Erste zehnprozentige Zollsenkung innerhalb der EWG.
16.01.	Erste gemeinsame Tagung des Europäischen Parlaments und der Beratenden Versammlung des Europarats in Straßburg.
19.02.	Inkrafttreten eines Abkommens über Zusammenarbeit bei der friedlichen Nutzung der Kernenergie zwischen der EG und den USA.
20.04.	Errichtung des Europäischen Gerichtshofs für Menschenrechte und Unterzeichnung des Übereinkommens über die Rechtshilfe in Strafsachen im Rahmen des Europarats in Straßburg.
11.05.	Eröffnung der Genfer Viermächte-Außenministerkonferenz (Frankreich, Großbritannien, UdSSR, USA) über den Status von Berlin und Probleme des Friedensvertrags mit Deutschland.
26.06.	Gründung der Europäischen Konferenz der Post- und Fernmeldeverwaltungen CEPT in Montreux (Schweiz) durch 19 westeuropäische Staaten.
16.07.	Erste Konferenz der Finanzminister der EWG-Mitgliedstaaten.
20.07.–21.07.	Sieben OEEC-Staaten, die der EWG nicht beitreten wollen (Großbritannien, Dänemark, Norwegen, Schweden, Österreich, Schweiz, Portugal), beschließen auf einer Ministerkonferenz in Stockholm die Bildung der kleinen „Europäischen Freihandelszone“ EFTA.
31.07.	Die Türkei stellt einen Antrag auf Assoziierung mit der EWG.

08.09.	Beginn der Verhandlungen über die EFTA in Stockholm.
18.11.	Inkrafttreten eines Abkommens zwischen der EG und Kanada über Zusammenarbeit bei der friedlichen Nutzung der Kernenergie.
20.11.	Das Aktionskomitee für die Vereinigten Staaten von Europa schlägt die Fusion der Exekutiven der drei Europäischen Gemeinschaften vor.
23.11.	Die Außenminister der Sechs beschließen regelmäßige politische Konsultationen.
10.12.–14.12.	Die 12. Ratstagung des COMECON in Sofia verabschiedet ein Statut, das unter anderem die Koordinierung des Außenhandels und der nationalen Wirtschaftspläne sowie wissenschaftlich-technische Zusammenarbeit vorsieht und am 13.04.1960 in Kraft tritt.
19.12.	Vertrag zwischen Großbritannien, Griechenland und Türkei über die Unabhängigkeit Zyperns.

04.01.	Unterzeichnung der Stockholmer Konvention zur Errichtung der Europäischen Freihandelsassoziation EFTA, welche den stufenweisen Abbau der Zölle und mengenmäßigen Beschränkungen vorsieht. Mitgliedstaaten sind Dänemark, Großbritannien, Norwegen, Österreich, Portugal, die Schweiz und Schweden. → 03.05.1960
12.01.–13.01.	Beschluß über die Reorganisation der OEEC. Die USA und Kanada sollen Vollmitglieder werden.
03.05.	Der Vertrag über die Gründung der EFTA tritt in Kraft.
17.05.	Das Europäische Parlament billigt einen Abkommensentwurf über ein direkt gewähltes Parlament.
16.05.–17.05.	Die Pariser Gipfelkonferenz über Entspannung scheitert. Der sowjetische Ministerpräsident Nikita S. Chruschtschow verlangt eine Entschuldigung für westliche Aufklärungsflüge über der UdSSR.
01.06.	Die EURATOM-Versorgungsagentur nimmt ihre Tätigkeit auf.
07.07.	EWG-Vizepräsident Sicco L. Mansholt stellt ein neues Konzept für die Gemeinsame Agrarpolitik (GAP) vor.

Sicco Leendert Mansholt (geb. 1908):
Niederländischer Landwirtschafts- und Fischereiminister, EG-Kommissionspräsident und Kommissar für Landwirtschaft 1958–1972. Der von ihm 1968 vorgelegte sog. Mansholt-Plan zur Reform und Modernisierung der europäischen Landwirtschaft wird teilweise umgesetzt und bildet die Grundlage der Gemeinsamen Agrapolitik.

29.07.–30.07. Treffen Adenauer – de Gaulle auf Schloß Rambouillet. De Gaulle bringt seinen Wunsch nach ständigen Konferenzen der Regierungschefs der Sechs sowie einem Sekretariat und Koordinationskommissionen für die Bereiche Verteidigung, Außenpolitik, Wirtschaft und Kultur zum Ausdruck.

16.08. Zypern wird unter Staatspräsident Erzbischof Makarios unabhängige Republik.

05.09. De Gaulle schlägt bei einer Pressekonferenz die politische Organisation Europas durch regelmäßige Konsultationen der Regierungen vor, lehnt aber supranationale Einrichtungen außer für rein technische Angelegenheiten ab. Weiters tritt er für die Abhaltung eines europäischen Referendums ein.

01.11. Der Staatsvertrag von Den Haag über die Wirtschaftsunion Benelux zwischen Belgien, den Niederlanden und Luxemburg tritt in Kraft.

21.11.–22.11. Die Europäische Parlamentarische Versammlung in Straßburg spricht sich für die Fusion der Exekutiven der drei Europäischen Gemeinschaften aus.

13.12. Unterzeichnung des Brüsseler Übereinkommens über die Errichtung der Europäischen Organisation zur Sicherung der Luftfahrt EUROCONTROL durch die Benelux-Staaten, Bundesrepublik Deutschland, Frankreich und Großbritannien. → 01.03.1963

14.12. Das OECD-Abkommen wird von den USA, Kanada und den OEEC-Staaten unterzeichnet. Die OECD löst damit die 1948 gegründete Vorläuferorganisation OEEC ab. → 01.10.1961

19.12.–20.12. Der Rat beschließt die Grundsätze der Gemeinsamen Agrarpolitik (GAP).

01.01. Die erste Teilangleichung der nationalen Zollsätze der EWG-Staaten wird mit dem Ziel eines einheitlichen Außenzolls vorgenommen.

10.02.–11.02. In Paris beschließen die Staats- und Regierungschefs der EG-Staaten, künftig politisch enger zusammenzuarbeiten und eine „Politische Union der Sechs“ zu schaffen. Eine Kommission unter Leitung des französischen Politikers und Diplomaten Christian Fouchet soll hierzu einen Plan entwickeln („Fouchet-Plan“). Die Niederlande fordern die Aufnahme Großbritanniens in die EG.

Christian Fouchet (1911–1974):
Französischer Diplomat und Politiker. Die unter seiner Leitung 1961 ausgearbeiteten zwei Entwürfe zur Gründung der Europäischen Politischen Union fanden nicht die Zustimmung der anderen EG-Mitgliedstaaten.

27.03. Assoziierungsabkommen Finnlands mit der EFTA. Finnland gewährt jedoch der UdSSR dieselbe Meistbegünstigung wie den EFTA-Staaten.

10.04. Der belgische Abgeordnete Fernand Dehousse legt namens des Politischen Ausschusses des Europäischen Parlaments einen Bericht über die politische Zusammenarbeit der EG-Mitgliedstaaten vor.

16.05. Der Außenminister der Bundesrepublik Deutschland, Heinrich von Brentano, schließt eine unmittelbare Verbindung von EWG und EFTA aus. Deutschland befürwortet nur noch den Einzelbeitritt von EFTA-Mitgliedern zur EWG.

21.06. Der österreichische Nationalrat beschließt, unter Berücksichtigung des besonderen außenpolitischen Status und der Neutralität wirtschaftliche Abkommen mit der EWG anzustreben.

28.06. Entschließung des Europäischen Parlaments zur Verstärkung der politischen Zusammenarbeit der EG-Mitgliedstaaten.

09.07. Unterzeichnung des Assoziierungsabkommens der EWG mit dem durch innenpolitische Krisen belasteten Griechenland.

18.07. Der zweite Gipfel der Staats- und Regierungschefs der Sechs in Bad Godesberg bzw. Bonn befürwortet die Schaffung einer Politischen Union sowie die Zusammenarbeit auf kulturellem Gebiet.

21.07. Einstimmiger Beschluß des österreichischen Nationalrats, mit dem das besondere Interesse Österreichs an der europäischen Integration bekundet wird.

31.07. Irland stellt den Antrag auf Beitritt zur EWG.

– Erklärung der österreichischen Bundesregierung, mit der EWG Verhandlungen über eine Assoziierung aufnehmen zu wollen.

09.08. Großbritannien stellt den Antrag auf Beitritt zur EWG.

10.08. Dänemark stellt den Antrag auf Beitritt zur EWG.

13.08. Schließung der Grenze zwischen West- und Ostberlin und Beginn des Baus der Berliner Mauer durch die DDR-Behörden.

01.09. Die erste Verordnung über die Freizügigkeit der ArbeitnehmerInnen tritt in Kraft. Damit erhalten alle ArbeitnehmerInnen innerhalb der EWG das Recht, sich in anderen Mitgliedstaaten Arbeit zu suchen.

01.09.–06.09. Erste Konferenz von 23 blockfreien Staaten in Belgrad, wobei Jugoslawien eine führende Position einnimmt.

01.10. Die Pariser Konvention über die Gründung der OECD tritt in Kraft.

17.10.–31.10. Mit der offiziellen Verurteilung Stalins auf dem 22. Parteitag der KPdSU erreicht die Entstalinisierung in der Sowjetunion und in Osteuropa einen Höhepunkt.

18.10. Unterzeichnung der Europäischen Sozialcharta durch 13 Mitgliedstaaten des Europarats in Turin. Die darin enthaltenen insgesamt 19 sozialen Rechte betreffen vor allem die Bereiche der Arbeitsbeziehungen und der sozialen Fürsorge und sind völkerrechtlich verpflichtend, jedoch vor nationalen Gerichten nicht einklagbar. → 26.02.1965

19.10. Ministerkonferenz der neutralen EFTA-Staaten Österreich, Schweden und Schweiz in Wien mit dem Ziel, die künftigen Beziehungen zur EWG unter besonderer Berücksichtigung der Neutralität miteinander abzustimmen.

02.11. Die Fouchet-Kommission legt eine neue Konzeption zur Gestaltung der politischen Zusammenarbeit der EWG-Staaten vor (Fouchet-Plan II).

08.11. Beginn der Beitrittsverhandlungen der EWG mit Großbritannien in Paris.

10.12. Albanien bricht die diplomatischen Beziehungen zur UdSSR ab und tritt ein Jahr später aus dem COMECON aus. Das Land orientiert sich in der Folgezeit politisch und ideologisch stärker an der VR China, von der es wirtschaftlich-technische Unterstützung erhält.

12.12. René Pleven legt namens des Politischen Ausschusses des Europäischen Parlaments einen Bericht und Empfehlungen zum Vertragsentwurf über eine Europäische Politische Union vor.

15.12. EWG-Assoziierungsanträge Österreichs, Schwedens und der Schweiz. Österreich strebt in seinem Antrag unter Bezugnahme auf Art. 238 des EWG-Vertrags ausschließlich wirtschaftliche Beziehungen an.

– Die UdSSR wertet eine Assoziierung Österreichs mit der EWG als Widerspruch zu Österreichs Staatsvertrag und zum Status der immerwährenden Neutralität.

15.12.–16.12. Die Außenminister der EWG-Staaten erzielen bei den Verhandlungen über den sog. Fouchet-Plan keine Übereinkunft.

21.12. Das Europäische Parlament verabschiedet auf der Grundlage des Pleven-Berichts eine Empfehlung zum Entwurf des Vertrags zur Gründung einer Europäischen Politischen Union (EPU).

14.01.	Der EWG-Ministerrat einigt sich bei seiner ersten sog. Marathon-Sitzung in Brüssel auf die Grundsätze der Gemeinsamen Agrarpolitik (GAP), die ersten vier Agrarmarktordnungen, eine Finanzierungsregelung – der Europäische Ausrichtungs- und Garantiefonds für die Landwirtschaft EAGFL – und die Wettbewerbsordnung.
18.01.	Der zweite Fouchet-Plan für eine politische Union wird vorgelegt, der de Gaulles Konzept eines „Europa der Vaterländer" und damit die nationalen Hoheitsrechte wieder stärker betont. Dieser zweite französische Entwurf zur Europäischen Politischen Union wird von den fünf anderen EG-Mitgliedstaaten als Rückschritt im Hinblick auf die Integration Europas betrachtet.
05.02.	Staatspräsident de Gaulle lehnt jede Art der Integration ab und spricht sich statt dessen für eine Staatenunion aus.
09.02.	Assoziierungsantrag Spaniens an die EG.
23.03.	Unterzeichnung der Konvention von Helsinki durch die Mitgliedstaaten des Nordischen Rats vor dem Hintergrund der EWG-Beitrittsbestrebungen Dänemarks und Norwegens. Die Vereinbarung stellt eine Bilanz der bisherigen nordischen Integration dar und enthält keine bindenden Verpflichtungen. → 01.07.1962
30.03.	Die Europäische Parlamentarische Versammlung entscheidet sich für die Umbenennung in „Europäisches Parlament".
17.04.	Die Verhandlungen der Außenminister in Paris über die Europäische Politische Union werden abgebrochen, da die Niederlande, unterstützt von Belgien, die sofortige Beteiligung Großbritanni-

ens an den Verhandlungen sowie dessen Beitritt wünschen. Über den materiellen Vertragsinhalt der EPU herrscht bereits weitestgehende Übereinstimmung.

30.04. Norwegen stellt den Antrag auf Beitritt zur EWG.

15.05. Der Rat beschließt zum zweiten Mal die raschere Verwirklichung des Gemeinsamen Marktes.

– Frankreichs Staatspräsident Charles de Gaulle erklärt in einer Pressekonferenz, daß es kein anderes Europa außer jenes der Staaten geben könne und kritisiert das Konzept der Supranationalität. Aus Kritik an seiner Europapolitik treten am nächsten Tag fünf französische Minister zurück.

Charles de Gaulle (1890–1970):
Französischer Politiker und Staatsmann. Staatspräsident der V. Republik mit stark autoritärer Stellung (1959–1969). Als Europapolitiker Gegner eines Beitritts Großbritanniens zur EWG und Befürworter eines Europa von souveränen Staaten unter deutsch-französischer Führung. Enge außen- und europapolitische Zusammenarbeit mit Konrad Adenauer (Elysee-Vertrag 1963). Seine starre Haltung in der Frage der Mehrheitsentscheidungen im Rat der EG (sog. Politik des leeren Stuhls) führt 1965 zu einer tiefen Krise der Gemeinschaft.

02.06.–03.06. In Paris finden Gespräche zwischen Staatspräsident Charles de Gaulle und dem britischen Premierminister Harold Macmillan zu den britischen Beitrittsverhandlungen statt.

18.05. Antrag Portugals auf Assoziierung mit der EWG.

08.06. Der Kongreß der Europäischen Bewegung nimmt ein Memorandum zur politischen Einigung an.

20.06.–21.06. In Brüssel wird Einigung über die Assoziation der afrikanischen Länder mit der EWG erzielt.

26.06. Das Aktionskomitee für die Vereinigten Staaten von Europa spricht sich in einer Erklärung für die Einheit Europas, den Beitritt Großbritanniens zur EWG und für eine gleichberechtigte Partnerschaft mit den USA aus.

01.07. Die Konvention von Helsinki, ein Abkommen über juristische und kulturelle Zusammenarbeit der nordischen Länder, tritt in Kraft.

03.07.–08.07. Der Staatsbesuch des deutschen Bundeskanzlers Konrad Adenauer in Frankreich steht im Zeichen der deutsch-französischen Solidarität und der gemeinsam bekundeten Bereitschaft zur Bildung einer Europäischen Politischen Union (EPU).

04.07. Präsident John F. Kennedy gibt die Bereitschaft der USA zur Bildung einer Atlantischen Partnerschaft und zu einer sog. Interdependence-Erklärung zwischen den USA und einem Vereinten Europa bekannt.

28.07. Österreichs Außenminister Dr. Bruno Kreisky erläutert vor dem EWG-Ministerrat das österreichische Assoziierungsansuchen.

30.07. Die ersten Bestimmungen der Gemeinsamen Agrarpolitik (GAP) treten in Kraft.

05.08. Wegen Differenzen zwischen Paris und London werden die Verhandlungen über den britischen EWG-Beitritt vertagt.

04.09.–09.09. Bei einem Staatsbesuch Präsident de Gaulles in Deutschland wird der Entschluß gefaßt, die deutsch-französische Zusammenarbeit künftig enger zu gestalten.

19.09. Das französische Memorandum über die deutsch-französische Zusammenarbeit wird an Bonn übermittelt.

05.10. Unterzeichnung des Abkommens zur Gründung der Europäischen Organisation für astronomische Forschung in der südlichen Hemisphäre ESO in Paris.

22.10.–28.10. Kubakrise. Die UdSSR gibt der Forderung der USA nach Demontage der auf der Insel in Bau befindlichen sowjetischen Raketenstellungen nach.

01.11. Das Assoziierungsabkommen der EWG mit Griechenland zur Errichtung einer Zollunion tritt in Kraft.

13.12.–15.12. US-Verteidigungsminister Robert S. McNamara propagiert vor dem Nordatlantikrat das Konzept der „flexible response“: Ein Ausbau der konventionellen Streitkräfte sei erforderlich, um bei Konflikten in Europa einen sofortigen Atomwaffeneinsatz zu vermeiden.

18.12.–20.12. Bei ihrem Treffen in Nassau auf den Bahamas beschließen US-Präsident Kennedy und der britische Premierminister Macmillan eine militärisch-nukleare Zusammenarbeit. Britische U-Boote sollen mit amerikanischen Polaris-Raketen bestückt werden. Frankreich wird die Mitgliedschaft in einer multilateralen Atomstreitmacht angeboten.

14.01.	In Brüssel werden die Verhandlungen über einen Beitritt Großbritanniens zur EG wieder aufgenommen. Staatspräsident de Gaulle legt auf einer Pressekonferenz sein Veto gegen einen britischen EWG-Beitritt ein und lehnt auch eine multilaterale Atomstreitmacht ab.
18.01.	Als Reaktion auf de Gaulles Haltung werden die Beitrittsverhandlungen mit Dänemark, Großbritannien, Irland und Norwegen ausgesetzt.
21.01.–22.01.	Unterzeichnung des deutsch-französischen Freundschaftsvertrags (Elysee-Vertrag) im Rahmen eines Besuchs des deutschen Bundeskanzlers Konrad Adenauer in Paris. Vereinbart werden regelmäßige Konsultationen in allen außenpolitischen Fragen von gemeinsamem Interesse. Der Vertrag wird in anderen EWG-Mitgliedstaaten, insbesondere Luxemburg und Belgien, und seitens der europäischen sozialistischen Parteien zum Teil heftig kritisiert.
29.01.	Abbruch der Beitrittsverhandlungen der EWG mit Großbritannien. Die Verhandlungen mit den anderen Bewerbern werden ausgesetzt.
26.02.	Österreich erneuert im Gegensatz zu Schweden und Schweiz seinen Wunsch nach Assoziierung (sog. Alleingang nach Brüssel).
01.03.	Das internationale Abkommen über die Zusammenarbeit zur Sicherung der Luftfahrt EUROCONTROL tritt für die Dauer von 20 Jahren in Kraft.
01.04.–02.04.	Der Rat der EWG beauftragt die Kommission, einen Bericht über die Möglichkeiten eines Abkommens mit Österreich auszuarbeiten.

06.04. Im Hinblick auf die Krise der Integrationsbemühungen beschließt das Ministerkomitee des Europarats, die politischen Probleme der europäischen Einigung ständig zu erörtern.

25.06. US-Präsident John F. Kennedy betont in einer Rede in der Frankfurter Pauls-Kirche die Notwendigkeit eines geeinten Europa und entwickelt seinen „Großen Plan“ des Ausbaus der bestehenden Handelspartnerschaft zur politischen Atlantischen Partnerschaft.

20.07. Unterzeichnung des ersten Assoziierungsabkommens der EWG mit 17 afrikanischen Staaten und Madagaskar in Jaunde, der Hauptstadt von Kamerun (Jaunde-Abkommen). → 01.06.1964

05.08. Die USA, die UdSSR und Großbritannien unterzeichnen ein Abkommen über die teilweise Beendigung der Atomwaffenversuche.

12.09. Unterzeichnung des Assoziationsabkommens der EWG mit der Türkei in Ankara. → 01.12.1964

14.10. Unterzeichnung des ersten Handelsabkommens der EWG mit einem Drittland, dem Iran.

06.11. Ein auf der Grundlage des EURATOM-Vertrags zwischen der Gemeinschaft und Argentinien abgeschlossenes zwanzigjähriges Abkommen über Zusammenarbeit bei der friedlichen Nutzung der Kernenergie tritt in Kraft.

03.12.–05.12. Die Versammlung der Westeuropäischen Union (WEU) spricht sich in Empfehlungen für eine Europäische Politische Gemeinschaft (EPG) aus.

04.12. Pogrom gegen türkische Zyprioten und bürgerkriegsähnliche Zustände auf Zypern. Das Zypernproblem führt zu Spannungen zwischen der Türkei, Griechenland und Großbritannien.

09.01. Der deutsche Bundeskanzler Ludwig Erhard kündigt eine politische Initiative zur Neugestaltung Europas an, wobei er sowohl die Freundschaft zu Frankreich als auch zu den USA betont.

04.05. Eröffnung der sog. Kennedy-Runde des GATT zur Senkung der Zolltarife. Die EWG tritt bei den Verhandlungen erstmals einheitlich auf.

01.06. Das erste Jaunde-Abkommen der EWG mit 17 afrikanischen Staaten und Madagaskar tritt in Kraft.

01.07. Der Europäische Ausrichtungs- und Garantiefonds für die Landwirtschaft (EAGFL), das Finanzierungsinstrument der Gemeinsamen Agrarpolitik (GAP), tritt in Kraft. Die unter „Garantie“ vergebenen Mittel dienen der Marktordnung, während unter „Ausrichtung“ strukturverbessernde und produktivitätssteigernde Maßnahmen finanziert werden.

23.07. Frankreichs Staatspräsident Charles de Gaulle betont in einer vielbeachteten Pressekonferenz das Erfordernis eines selbständigen Europa und kritisiert die europapolitischen Auffassungen Deutschlands, dem er Abhängigkeit von den USA vorwirft.

07.07. Beginn der Beratungen des Rats der EWG über den Österreich-Bericht der Kommission, welcher die sofortige Aufnahme formeller Verhandlungen empfiehlt. Der Rat beauftragt jedoch nur den Ausschuß der Ständigen Vertreter (AStV, COREPER), auf Botschafterebene ein Verhandlungsmandat auszuarbeiten.

21.09. Malta proklamiert seine Unabhängigkeit. Militärische Stützpunkte Großbritanniens und der NATO bleiben aber bis 31.03.1979 auf der Insel.

30.11.–01.12. Der EWG-Ministerrat lehnt den italienischen Vorschlag, mit Österreich anstelle eines Assoziierungs- nur ein einfaches Handelsabkommen abzuschließen, ab, läßt aber auch andere Lösungsmöglichkeiten, darunter die eines sog. präferentiellen Handelsabkommens prüfen.

01.12. Das Assoziierungsabkommen der EWG mit der Türkei zur Errichtung einer Zollunion mit späterem Beitritt zur Gemeinschaft tritt in Kraft.

15.12. Die Staats- und Regierungschefs der EWG beschließen eine Marktordnung für Getreide, die ab 1967 wirksam wird.

01.01. Irland tritt dem internationalen Abkommen über die Zusammenarbeit zur Sicherung der Luftfahrt EUROCONTROL bei.

02.02. Der Rat erteilt der Kommission einstimmig das Mandat für Verhandlungen mit Österreich.

11.02. Forderung des britischen Außenministeriums, Großbritannien, das nicht Mitglied der EWG ist, bei den Gesprächen der Sechs über die politische Einheit beizuziehen.

26.02. Die Europäische Sozialcharta tritt nach der Ratifizierung durch fünf Europarats-Mitgliedstaaten in Kraft.

19.03. Eröffnung der insgesamt sechs Verhandlungsrunden zwischen einer österreichischen Regierungsdelegation und Vertretern der EWG-Kommission in Brüssel, die am 04.02.1966 abgeschlossen werden. In den beiden folgenden Jahren werden jedoch keine zielführenden Schritte zu einer Assoziierung gesetzt. Widerstand kommt vor allem seitens Italiens, das Österreich als Hinterland der Anschläge und Terrorakte in Südtirol betrachtet.

08.04. Unterzeichnung des Vertrags über die Fusion der Exekutivorgane Rat und Kommission bzw. Hohe Behörde der drei Europäischen Gemeinschaften (EGKS, EWG, EURATOM) in Brüssel (sog. Fusionsvertrag). → 01.07.1967

25.05. Die sozialistischen Parteien der EWG fordern in einer Resolution eine neue Initiative zur europäischen Integration und kritisieren die Europapolitik de Gaulles.

17.06. Die französische Regierung spricht sich erneut für ein von den USA unabhängiges Europa aus, wiederholt ihre Absage an eine weitergehende

Integration und betont das Erfordernis eines Abkommens zwischen West- und Osteuropa zur Regelung der deutschen Frage.

24.06. Inkrafttreten eines zwanzigjährigen Abkommens zwischen der Gemeinschaft und Brasilien über Zusammenarbeit bei der friedlichen Nutzung der Kernenergie.

30.06. Frankreich lehnt die Vorschläge der EWG-Kommission zur Finanzierung des Agrarmarkts ab, bleibt sieben Monate allen Sitzungen des Rats fern und boykottiert durch seine „Politik des leeren Stuhls" die Arbeit des Ministerrats. Staatspräsident General de Gaulle sucht damit den vertraglich vorgesehenen Übergang zu Mehrheitsabstimmungen im Ministerrat zu verhindern und so den einzelnen Mitgliedstaaten ein Vetorecht zu sichern.

10.11. Der deutsche Bundeskanzler Ludwig Erhard betont in seiner Regierungserklärung, die von Deutschland betriebene Europapolitik stehe nicht in Gegnerschaft zu den USA.

13.01.	Frankreich erklärt, der Grundkonzeption des Fouchet-Plans von 1961 treu zu bleiben.
28.01.–29.01.	Auf der EWG-Außenministerkonferenz in Luxemburg wird die siebenmonatige Krise der Gemeinschaft beigelegt. Der sog. Luxemburger Kompromiß sieht einen Verzicht auf die vertraglich seit Jänner 1966 bestehenden Mehrheitsentscheidungen vor, wenn dabei vitale Interessen eines Mitgliedstaats auf dem Spiel stehen. De facto gilt im Ministerrat damit weiterhin das Einstimmigkeits-Prinzip. → 18.05.1982
08.02.	Frankreich nimmt aufgrund der Ergebnisse der Luxemburger Konferenz wieder an den Sitzungen der Ständigen Vertreter in Brüssel teil.
06.03.	General de Gaulle erklärt US-Präsident Lyndon B. Johnson den Austritt Frankreichs aus der Militärstruktur der NATO. Auch die Präsenz alliierter Truppen wird auf französischem Hoheitsgebiet nicht mehr geduldet, Frankreich bleibt jedoch weiterhin politisch in die NATO eingebunden. → 30.06.1966
09.05.–11.05.	Der EWG-Ministerrat einigt sich über die restlichen Agrarmarktordnungen, die Finanzierung der GAP und die Vollendung der Zollunion zum 01.07.1968.
30.06.	Der Austritt Frankreichs aus dem militärischen Teil der NATO wird wirksam.
–	Staatspräsident Charles de Gaulle und der Staatspräsident der UdSSR, Nikolay Podgorny, fordern in der Deklaration von Moskau eine Politik der Entspannung und Annäherung in Europa.
04.07.	Prüfung des ersten Österreich-Berichts der Kommission über die Ergebnisse der ersten drei Ver-

handlungsrunden (u.a. über die strittigen Bereiche Staatsvertrag und Neutralität) durch eine Arbeitsgruppe des Rats.

06.07. Die Deklaration der Staaten des Warschauer Pakts über Frieden und Sicherheit in Europa schlägt eine europäische Konferenz über Sicherheit und Zusammenarbeit vor.

22.07.–24.07. Der EWG-Ministerrat beschließt die restlichen Agrarmarktordnungen und die Angebote der Gemeinschaft bei der sog. Kennedy-Runde des GATT. Mit der Einigung über die Finanzierung und Organisation des gemeinsamen Agrarmarkts wird der „point of no return" in der EWG-Agrarpolitik erreicht.

27.10.–28.10. Die EFTA-Staaten einigen sich in Lissabon auf bilaterale, aber koordinierte Verhandlungen mit der EWG, um die wirtschaftliche Spaltung Westeuropas zu überwinden.

10.11. Premierminister Harold Wilson kündigt die Absicht Großbritanniens an, neuerlich über einen Beitritt zu verhandeln.

06.12.–07.12. Der Rat erteilt nach der Prüfung des zweiten Teils der Verhandlungsergebnisse der Kommission nur ein Teilmandat für die Wiederaufnahme der Verhandlungen mit Österreich, das im wesentlichen die Regelungen für den Handel mit gewerblichen Erzeugnissen sowie die Bereiche Landwirtschaft und Osthandel umfaßt. Vorbehalte gegen Verhandlungen mit Österreich bestehen vor allem auf Seiten Frankreichs, da es um die institutionelle Autonomie der EG fürchtet.

31.12. Der völlige Abbau der Handelszölle zwischen den EFTA-Staaten wird drei Jahre früher als ursprünglich geplant ereicht.

31.01. Rumänien nimmt als erster Staat des COMECON nach der UdSSR diplomatische Beziehungen zur Bundesrepublik Deutschland auf.

08.02.–09.02. Der Rat der EG verabschiedet das erste wirtschaftliche Fünfjahresprogramm und faßt Beschlüsse zur Harmonisierung der indirekten Steuern sowie zur Einführung der Mehrwertsteuer in den sechs Mitgliedstaaten.

21.04. Putsch der Armee in Griechenland. Eine Gruppe rechtsstehender Obristen übernimmt unter Georgios Papadopulos die Macht. In der Folge wird das am 09.07.1961 unterzeichnete Assoziierungsabkommen mit der EWG suspendiert.

10.05. Großbritannien und Irland stellen zum zweiten Mal Beitrittsanträge an die Europäischen Gemeinschaften.

11.05. Dänemark stellt zum zweiten Mal einen Beitrittsantrag an die EG.

15.05. Nach vierjährigen Verhandlungen wird die „Kennedy-Runde“ des GATT erfolgreich abgeschlossen. Für die folgenden fünf Jahre sind Zollsenkungen um 35–40% für Industrieprodukte vereinbart.

29.06. Der italienische Staatssekretär Franco Maria Malfatti junktimiert im Besonderen Ministerrat der EGKS die Zustimmung Italiens zu einem Assoziierungsabkommen mit Österreich mit einer Änderung der österreichischen Haltung in der Südtirolfrage.

Franco Maria Malfatti (1927–1991):
Italienischer Europapolitiker und Minister zahlreicher Ressorts. Präsident der EG-Kommission von 1970 bis 1972.

29.06.–30.06. Drittes europäischen Gipfeltreffen in Rom anläßlich des 10. Jahrestags der Unterzeichnung der Römischen Verträge. Es wird der Beschluß gefaßt, die politische Zusammenarbeit der Mitgliedstaaten zu verbessern.

30.06. Unterzeichnung der Schlußakte der sog. Kennedy-Runde des GATT in Genf.

01.07. Das Abkommen über die Fusion der drei Europäischen Gemeinschaften EGKS, EWG und EURATOM vom 08.04.1965 (Fusionsvertrag) tritt in Kraft.

06.07. Nach dem Rücktritt von Walter Hallstein, dem entschiedenen Verfechter der politischen Union, wird der Belgier Jean Rey Präsident der neuen gemeinsamen EG-Kommission in Brüssel.

Jean Rey (1902–1983):
Belgischer Politiker. Mitglied der EWG-Kommission von 1958–1967, von 1967 bis 1970 Präsident der EG-Kommission.

21.07. Norwegen stellt zum zweiten Mal einen Antrag auf Beitritt zur EG. Die Entscheidung ist innenpolitisch umstritten, da Nachteile für die norwegische Landwirtschaft befürchtet werden.

29.09. Positive Stellungnahme (sog. Avis) der Kommission zum Beitrittsantrag Großbritanniens.

27.11. Neuerliches Veto Staatspräsident de Gaulles gegen den Beitrittsantrag Großbritanniens.

19.12. Der EG-Ministerrat erzielt keine Einigung über die Wiederaufnahme der Verhandlungen mit den beitrittswilligen Staaten, deren Bemühungen um die EG-Mitgliedschaft damit vorerst gescheitert sind.

04.01. Das italienische Außenamt bekräftigt sein Veto gegen die Fortführung der Verhandlungen der EWG mit Österreich.

05.01. In der Tschechoslowakei wird der Reformer Alexander Dubcek als Erster Parteisekretär eingesetzt. Beginn des sog. Prager Frühlings. Aufhebung der Zensur, Erweiterung der Reisemöglichkeiten und Wirtschaftsreform.

01.07. Die im EWG-Vertrag für 31.12.1969 vorgesehene Zollunion wird bereits 18 Monate früher als 1957 in Rom vereinbart verwirklicht. Die Binnenzölle und Kontingentierungen für gewerbliche und industrielle Güter (nicht aber die Steuergrenzen) werden aufgehoben und ein gemeinsamer Außenzoll gegenüber Drittstaaten eingeführt.

26.07. Unterzeichnung des Abkommens von Arusha über die Assoziierung Kenias, Tansanias und Ugandas.

20.08.–21.08. In der Tschechoslowakei intervenieren Truppen der UdSSR, Polens, der DDR, Ungarns und Bulgariens. Die Bevölkerung unterstützt den Reformkurs Alexander Dubceks durch einen Generalstreik und durch passiven Widerstand gegen die Besatzer. Jugoslawien und Rumänien verurteilen den Einmarsch.

12.09. Albanien verläßt aus Protest gegen die militärische Intervention in der Tschechoslowakei den Warschauer Pakt.

08.11. Die EG garantiert die Freizügigkeit für ArbeitnehmerInnen zur Verwirklichung des gemeinsamen Arbeitsmarkts.

12.11. Der sowjetische Parteichef Leonid Breschnew rechtfertigt den Einmarsch in die Tschechoslowakei mit der These von der begrenzten Souveränität der sozialistischen Staaten im Falle einer Gefahr für das sozialistische Weltsystem (sog. Breschnew-Doktrin).

18.12. Die Kommission veröffentlicht einen Plan des Vizepräsidenten und für die Landwirtschaft zuständigen Kommissars Sicco Leendert Mansholt (sog. Mansholt-Plan) über Reformen in der EG-Landwirtschaft angesichts wachsender agrarischer Überschußproduktion und der damit verbundenen immensen Kosten für die Gemeinschaft. Die Betriebseinheiten sollen größer, die agrarische Nutzfläche verkleinert und die Zahl der in der Landwirtschaft Beschäftigten verringert werden. EG-Bauern protestieren gegen das Reformvorhaben.

23.12. Die Kommission legt dem Rat den sog. Mansholt-Plan zur Reform der Landwirtschaft in der Europäischen Gemeinschaft vor.

04.03. Unterzeichnung der Assoziierungsabkommen der EG mit Marokko und Tunesien. → 01.09.1969

17.04. In der Tschechoslowakei löst Gustáv Husák den Reformer Alexander Dubcek in der Parteiführung ab.

23.04.–25.04. Gründung des Europäischen Bundes freier Gewerkschaften durch die nationalen Gewerkschaften der EG-Mitgliedstaaten in Den Haag, aus dem im Februar 1973 der Europäische Gewerkschaftsbund (EGB) entsteht.

28.04. Rücktritt des französischen Staatspräsidenten Charles de Gaulle. Sein Nachfolger wird Georges Pompidou, der in der Frage des britischen EG-Beitritts eine flexiblere Haltung einnimmt.

Georges Pompidou (1911–1974):
Französischer Politiker. Premierminister 1962–1968, Staatspräsident 1969–1974. Beendete – auch als Reaktion auf die wachsende wirtschaftliche und politische Bedeutung Deutschlands und der deutschen Ostpolitik – den französischen Widerstand gegenüber Vertiefung und Erweiterung der Gemeinschaft und gewann insbesondere durch die EU-Gipfel von Den Haag (Dezember 1969) und Paris (Oktober 1972) europapolitisches Gewicht.

05.06.–17.06. Bei der dritten Weltkonferenz der Kommunistischen Parteien in Moskau fehlen unter anderem die Delegationen aus Jugoslawien und Albanien. Das Prinzip der friedlichen Koexistenz wird zur Grundlage der Außenpolitik erhoben. Die Breschnew-Doktrin wird im Schlußdokument nicht verankert, sondern die Existenz eines „leitenden Zentrums" im Weltkommunismus ausdrücklich verneint.

23.07. Der Rat nimmt die Prüfung der Beitrittsansuchen Dänemarks, Irlands, Norwegens und Großbritanniens wieder auf.

29.07. Unterzeichnung des zweiten Jaunde-Abkommens der EG mit 17 afrikanischen Staaten und Madagaskar. → 01.01.1971

01.09. Die Assoziierungsabkommen mit Marokko und Tunesien treten in Kraft.

24.09. Erneuerung des nach der Hauptstadt Tansanias benannten Arusha-Abkommens der EG mit Kenia, Uganda und Tansania. → 01.01.1971

04.11. Die EG bietet neun Drittländern, darunter Österreich, die Zusammenarbeit auf den Gebieten Forschung und Technologie an.

01.12.–02.12. Auf Initiative des französischen Staatspräsidenten Georges Pompidou findet ein Gipfeltreffen der EG-Staats- und Regierungschefs in Den Haag zu Fragen der Vollendung des Binnenmarktes sowie der Erweiterung bzw. Vertiefung der Integration statt. Der Regierungswechsel in Frankreich hat die Voraussetzung für eine Einigung über die EG-Erweiterung geschaffen, sodaß die Aufnahme von Beitrittsverhandlungen mit Dänemark, Großbritannien, Irland und Norwegen beschlossen wird. Außerdem werden bei dem Treffen Beschlüsse zur stufenweisen Einführung einer Wirtschafts- und Währungsunion (WWU) bis 1980 und zur politischen Zusammenarbeit gefaßt.

08.12. Nach Aushandlung des sog. Südtirol-Pakets am 30.11.1969 zieht Italien offiziell seinen Vorbehalt gegen Verhandlungen der EG mit Österreich zurück. Österreich bekundet sein Interesse am Abschluß eines Interimsabkommens.

12.12. Griechenland tritt aus dem Europarat aus, um einem drohenden Ausschluß wegen gravierender

Menschenrechtsverletzungen zuvorzukommen. Außerdem kündigt Athen die Menschenrechtskonvention.

19.12.–22.12. Der EG-Ministerrat einigt sich über die Agrarfinanzen, die Einführung eigener Einnahmen für die Gemeinschaft und erweiterte Haushaltsbefugnisse des Europäischen Parlaments.

31.12. Die im EWG-Vertrag vorgesehene 12jährige Übergangsfrist für die Errichtung des Gemeinsamen Marktes läuft aus.

01.01. Mit Jahresbeginn werden der vollständige Zollabbau innerhalb der EG und gemeinsame Außenzölle wirksam. Die Außenhandelskompetenz geht von den Mitgliedstaaten auf die EG über: Beginn der Gemeinsamen Außenhandelspolitik.

01.03. Island wird achtes Mitglied der EFTA.

06.03. Einsetzung eines Ausschusses unter dem Vorsitz des luxemburgischen Ministerpräsidenten Pierre Werner zur Erarbeitung eines Entwurfs einer Wirtschafts- und Währungsunion (sog. Werner-Ausschuß).

Pierre Werner (geb 1908):
Luxemburgischer Politiker. Minister verschiedener Ressorts, Ministerpräsident 1959–1974 und 1979–1984. Der nach ihm benannte Werner-Plan 1970 sah die stufenweise Einführung der Europäischen Wirtschafts- und Währungsunion (WWU) bis 1980 vor, wurde jedoch durch die weltwirtschaftliche Krise der siebziger Jahre nicht verwirklicht.

19.03. Unterzeichnung eines Handelsabkommens zwischen der EWG und Jugoslawien in Brüssel.

24.03. Die Unterzeichnung eines Vertrags über eine Nordische Zollunion (Nordek) in Kopenhagen scheitert in letzter Minute an Vorbehalten Finnlands.

21.04. Ministerratsbeschluß über die Finanzierung der EG durch eigene Mittel (Zölle, Agrarabschöpfungen, Mehrwertsteueranteil) ab 1975.

19.05. Konferenz der EG-Außenminister in Viterbo (Italien) über die Grundsätze und Verfahren einer engeren politischen Zusammenarbeit.

29.05.–30.05. Beschluß der EG-Finanzminister über die Einführung der Wirtschafts- und Währungsunion (WWU) bis 1980 sowie die Einführung fixer Wechselkurse.

08.06.–09.06. Beschluß des Rats über die Aufnahme von Beitrittsverhandlungen mit Großbritannien, Dänemark, Norwegen und Irland sowie über Gespräche mit den übrigen EFTA-Staaten.

29.06. Unterzeichnung von Handelsabkommen der EG mit Israel und Spanien. → 01.10.1970

30.06. Offizielle Aufnahme der zweiten Runde der EG-Beitrittsverhandlungen mit Großbritannien, Irland, Dänemark und Norwegen in Luxemburg.

01.07. Franco Maria Malfatti wird neuer Präsident der EG-Kommission.

31.07. Die sechs EG-Mitgliedstaaten beschließen, zweimal jährlich Ministerratstagungen über die politische Zusammenarbeit abzuhalten.

12.08. Unterzeichnung des Moskauer Vertrags zwischen der UdSSR und der Bundesrepublik Deutschland über gegenseitigen Gewaltverzicht sowie die Anerkennung und Unverletzlichkeit der Grenzen in Europa.

01.10. Die Handelsabkommen der EG mit Israel und Spanien treten in Kraft.

08.10. Der Werner-Plan (benannt nach dem luxemburgischen Ministerpräsidenten und Finanzminister Pierre Werner) wird dem Rat und der Kommission vorgelegt. Er sieht die Schaffung einer Wirtschafts- und Währungsunion (WWU) in drei Etappen bis 1980 vor. Die erste Stufe beginnt 1971. Ein weiterer Ausbau scheitert an den Krisenerscheinungen in den folgenden Jahren, am Auseinanderdriften der Währungen und dem Rückgriff auf nationales Krisenmanagement.

27.10.	Die Außenminister der EG-Mitgliedstaaten setzen die Beratungen von Viterbo fort und einigen sich in Luxemburg auf den sog. Davignon-Bericht (auch „Luxemburger Bericht") als Grundlage für eine gemeinsame Außenpolitik im Rahmen der Europäischen Politischen Zusammenarbeit (EPZ). Die Kommission wird zu Verhandlungen über ein Interimsabkommen mit Österreich ermächtigt.
	Etienne Davignon (geb. 1932): Hochrangiger belgischer Beamter und Industriepolitiker. Leitet als Politischer Direktor des belgischen Außenministeriums den Ausschuß der EG-Mitgliedstaaten zur EPZ. EG-Kommissar für Industrie 1977–1985.
10.11.	Beginn der Verhandlungen über Interimsabkommen zwischen EG und den neutralen Staaten Österreich, Schweden und Schweiz gemäß den Beschlüssen der Haager Konferenz der EG-Staats- und Regierungschefs vom 01./02.12.1969. Österreichs Außenminister Dr. Rudolf Kirchschläger legt vor dem Rat der EG die österreichischen Vorstellungen zum Gemeinsamen Markt dar.
19.11.	Erste Zusammenkunft der EG-Außenminister im Rahmen der EPZ in München. Themen sind u.a. der Nahostkonflikt, die geplante europäische Sicherheitskonferenz und die deutsche Ostpolitik.
24.11.	Beginn der EG-Assoziierungsverhandlungen mit Finnland, Island und Portugal.
25.11.–26.11.	Erste Verhandlungsrunde über ein Interimsabkommen mit Österreich.
04.12.	Unterzeichnung des Assoziierungsabkommens der EG mit Malta. → 01.04.1971
07.12.	Unterzeichnung des Warschauer Vertrags zwischen der Bundesrepublik Deutschland und Po-

len. Der Vertrag beinhaltet die Anerkennung der Oder-Neiße-Grenze und der anderen bestehenden Grenzen sowie einen Gewaltverzicht.

14.12. Beginn von Streiks und schweren Unruhen in Polen. In der Folge personelle Veränderungen in der politischen Führung sowie wirtschaftliche und soziale Reformen.

01.01.	Das zweite Jaunde-Abkommen der EG mit 17 afrikanischen Staaten und Madagaskar, das Arusha-Abkommen der EG mit Kenia, Tansania und Uganda sowie der Beschluß des Rats über die Assoziierung der überseeischen Territorien der EWG-Mitgliedstaaten treten in Kraft.
–	Das neue System zur Eigenmittelaufbringung der Gemeinschaft tritt in Kraft.
01.02.	Inkrafttreten der gemeinsamen Fischereipolitik.
09.02.	Der EG-Ministerrat einigt sich über die stufenweise Einführung der Wirtschafts- und Währungsunion (WWU) auf der Grundlage des Werner-Plans. Die Verwirklichung scheitert aber zunächst durch den Zusammenbruch des Systems von Bretton Woods.
13.02.	Gründung des Nordischen Ministerrats als Ergänzung der Helsinki-Konvention des Nordischen Rats.
22.03.	Der EG-Ministerrat setzt den Beginn der ersten Stufe des Werner-Plans rückwirkend mit 01.01.1971 fest.
01.04.	Das Assoziierungsabkommen der EG mit Malta zur Errichtung einer Zollunion im Laufe der zweiten Stufe des Abkommens tritt in Kraft.
19.05.	Einführung sog. Währungsausgleichsbeträge zugunsten der Bundesrepublik Deutschland und der Niederlande, deren Währungen seit dem 10.05.1971 floaten.
01.07.	Die EWG beschließt das „System der allgemeinen Zollpräferenzen“ (APS) im Handel mit 91 nichtassoziierten Entwicklungsländern.

15.08. Die US-Regierung hebt die Goldkonvertierbarkeit des Dollar auf, wodurch das internationale Währungssystem in eine schwere Krise gerät.

03.09. Unterzeichnung des Viermächteabkommens über Berlin. Die UdSSR anerkennt die Bindungen zwischen West-Berlin und der Bundesrepublik und gestattet den freien zivilen Transitverkehr von Personen und Waren. In Abkommen zwischen der DDR und der Bundesrepublik Deutschland werden weitere Verkehrserleichterungen vereinbart.

16.11. Beschluß der Wissenschafts- und Bildungsminister der EG über die Gründung des Europäischen Hochschulinstituts (EHI) in Florenz. → 19.04.1972.

22.11.–23.11. Im Rahmen der beginnenden europäischen Zusammenarbeit auf dem Gebiet der wissenschaftlichen und technischen Forschung (COST) werden die ersten sieben Aktionen beschlossen.

18.01.	Der Europarat nimmt die Musik zu Friedrich Schillers Ode „An die Freude“ aus dem 4. Satz der 9. Symphonie von Ludwig van Beethoven als Europäische Hymne an.
22.01.	Unterzeichnung der EG-Beitrittsverträge mit Großbritannien, Irland, Norwegen und Dänemark in Brüssel. → 01.01.1973
26.01.	Das Prager Konsultativtreffen der Warschauer-Pakt-Staaten verabschiedet die „Grundprinzipien der europäischen Sicherheit“: Unverletzbarkeit der Grenzen, Gewaltverzicht, Nichteinmischung, Rüstungskontrolle und friedliche Koexistenz.
15.02.	Island dehnt seine Fischereigrenze von 12 auf 50 Seemeilen aus. DieVerurteilung dieser Maßnahme durch den Internationalen Gerichtshof in Den Haag erkennt Reykjavik nicht an. Es kommt mit Großbritannien und der Bundesrepublik Deutschland zum Konflikt, der bei der Ausweitung der isländischen Fischereizone 1975 auf 200 Seemeilen erneut aufbricht. Aufgrund der wirtschaftlichen Sonderstellung der Insel–90 Prozent des Exports sind Fischereiprodukte – erscheint für Island ein EG-Beitritt nicht erstrebenswert.
21.03.	Einführung der sog. Währungsschlange. Der EG-Ministerrat und die Regierungen einigen sich auf die Festlegung einer Bandbreite der Wechselkursschwankungen der EG-Währungen von +/– 2,5%. Die Einhaltung der Bandbreiten soll durch Interventionskäufe der Notenbanken auf den Devisenmärkten gewährleistet werden. Auch die EG-Beitrittskandidaten Dänemark, Großbritannien, Irland und Norwegen nehmen an der Währungsschlange teil.
22.03.	Sicco Leendert Mansholt wird Präsident der EG-Kommission.

24.03. Großbritannien übernimmt die direkte Regierungsgewalt über Nordirland. Der Konflikt zwischen der protestantischen Mehrheit und der katholischen Minderheit, die sich gegen ihre politische und soziale Diskriminierung auflehnt und den Anschluß an die Republik Irland fordert, wird seit 1968 in der Form eines offenen Bürgerkriegs ausgetragen.

25.03. Ein Gutachten über die Erweiterung der Befugnisse des Europäischen Parlaments (sog. Vedel-Bericht) befürwortet ein aufschiebendes Vetorecht des Parlaments und insgesamt mehr Souveränität der EG-Organe.

10.04. Unterzeichnung des Basler Abkommens über einen Europäischen Währungsverbund durch die Zentralbanken der EG-Mitgliedstaaten. Das Abkommen verpflichtet die Mitgliedstaaten, die Wechselkurse ihrer Währungen untereinander nur noch maximal 2,25% noch oben und unten abweichen zu lassen (sog. Währungsschlange). → 24.04.1972

19.04. Die Mitgliedstaaten unterzeichnen ein Abkommen über die Schaffung des Europäischen Hochschulinstituts (EHI) in Florenz.

23.04. Die französische Bevölkerung befürwortet in einem Referendum bei einer Beteiligung von 60% mit 61% gegen 32% der Stimmen (7% ungültig) die geplante Norderweiterung der Gemeinschaft durch Dänemark, Großbritannien und Irland.

24.04. Der Europäische Wechselkursverbund, die sog. Währungsschlange, tritt in Kraft.

10.05. Die Bevölkerung Irlands entscheidet sich bei einem Referendum mit 83% gegen 17% der Stimmen bei einer Beteiligung von 70% für den EG-Beitritt des Landes.

17.05. Der deutsche Bundestag stimmt den Ostverträgen zu.

26.05. Unterzeichnung des SALT-I-Vertrags zur Begrenzung der strategischen Rüstung in Moskau.

03.06. Die sog. Ostverträge zwischen der Bundesrepublik Deutschland und der UdSSR bzw. Polen treten in Kraft.

13.07. Das britische Unterhaus spricht sich für den Beitritt zur EG aus.

22.07. Unterzeichnung der Freihandelsabkommen zwischen der EG und den Rest-EFTA-Staaten Finnland, Island, Österreich, Portugal, Schweden und Schweiz, die den Zollabbau für Industrieerzeugnisse vorsehen. Nur Österreich schließt neben zwei Global- auch zwei Interimsabkommen mit EWG und EGKS ab. → 01.10.1972, 01.04.1973

18.08. Als Reaktion auf die Abkommen zwischen Österreich und der EWG bzw. EGKS erinnert die UdSSR Österreich in einem Aidememoire an seine aus dem Status der immerwährenden Neutralität erwachsenden Pflichten.

14.09. Einstimmiger Beschluß des österreichischen Nationalrats, mit dem der Abschluß der Global- und Interimsabkommen Österreichs mit EWG und EGKS genehmigt wird.

25.09. Die Bevölkerung Norwegens lehnt in einem Referendum mit 53,5% der Stimmen gegen 46,5% Befürwortungen bei einer Beteiligung von 75% den EG-Beitritt ab. Norwegen zieht darauf sein Beitrittsansuchen zurück und strebt statt dessen ein Freihandelsabkommen mit der Gemeinschaft an.

01.10. Inkrafttreten der Interimsabkommen Österreichs mit EGKS und EWG.

02.10. Die Bevölkerung Dänemarks befürwortet in einem Referendum mit 63,3% gegen 36,7% der

Stimmen bei einer Beteiligung von 89,9% den Beitritt zur EG.

19.10.–20.10. Die Staats- und Regierungschefs der sechs EG-Staaten und der drei Beitrittskandidaten beschließen in Paris, die EG zur Europäischen Union weiterzuentwickeln und den Aufbau der WWU bis 1980 abzuschließen, wobei auch ein Zeitplan festgelegt wird. Neue, zuvor in den Verträgen nicht vorgesehene Tätigkeitsbereiche der Gemeinschaft sind nun auch die Regional-, Umwelt- und Energiepolitik.

20.10. Die EFTA-Staaten beschließen in Genf die Fortführung ihrer Organisation.

22.11. Beginn der KSZE-Vorbereitungsgespräche in Helsinki.

18.12. Unterzeichnung von Handelsabkommen der EG mit Ägypten und dem Libanon.

19.12. Unterzeichnung des Assoziierungsabkommens der EG mit Zypern. Es tritt im Juni 1973 in Kraft. → 01.06.1973

31.12. Das Europäische Währungsabkommen (EWA) wird aufgelöst.

01.01. Inkrafttreten der EG-Beitrittsverträge Großbritanniens, Dänemarks und Irlands. Mit dieser sog. Norderweiterung werden die „Sechs" zur „Neunergemeinschaft".

– Die EG-Kommission erhält die exklusive Kompetenz für die Außenhandelspolitik.

– Die Freihandelsabkommen der EG mit den Rest-EFTA-Staaten Finnland, Österreich, Portugal, Schweden und Schweiz treten in Kraft. Mit dem Inkrafttreten der Globalabkommen Österreichs mit EGKS und EWG wird gleichzeitig das Interimsabkommen mit der EWG außer Kraft gesetzt.

06.01. François Xavier Ortoli wird Präsident der wegen der neuen Beitritte von neun auf dreizehn Mitglieder erweiterten EG-Kommission.

François Xavier Ortoli (geb. 1925):
Französischer Politiker. Mitglied der EG-Kommission 1973–1984, davon 1973–1976 als deren Präsident. Die nach ihm benannte „Ortoli-Fazilität" (auch: Neues Gemeinschaftsinstrument) stellt ein wichtiges Element der EG-Kreditprogramme dar.

01.02. Agrarvereinbarung zwischen der EWG und Österreich (sog. Agrarbriefwechsel).

08.02.–09.02. Gründung des Europäischen Gewerkschaftsbunds (EGB) als Dachverband von 17 Gewerkschaften aus zusammen 15 EG- und EFTA-Staaten. Der vorher bestehende Europäische Bund der Gewerkschaften geht im EGB, an dem christliche und kommunistische Gewerkschaften nicht beteiligt sind, auf.

11.03.–12.03. Die Finanzminister von sechs EG-Staaten einigen sich auf ein gemeinsames Floaten ihrer Währungen gegenüber dem Dollar bei gleichzeitig festen Wechselkursen untereinander (sog. block-floating). Großbritannien, Irland und Italien bleiben der Währungsschlange fern.

19.03. Der einheitliche Währungsblock der sechs EG-Mitgliedstaaten wird wirksam.

01.04. Inkrafttreten des präferenziellen Freihandelsabkommens der EWG mit Island für gewerbliche Waren.

02.04. Unterzeichnung eines Handelsabkommens der EWG mit Uruguay. → 01.08.1974

03.04. Der Europäische Fonds für währungspolitische Zusammenarbeit (EFWZ) wird mit eigener Rechtspersönlichkeit und Sitz in Luxemburg eingerichtet. Aufgaben des EFWZ sind die Sicherstellung des Systems der Bandbreitenverringerung zwischen den verschiedenen Währungen der Mitgliedstaaten, sowie die Abwicklung des Saldenausgleichs und des Kreditmechanismus innerhalb des Systems. Im April 1973 übernimmt der EFWZ auch die Verwaltung der Gemeinschaftskredite, mit denen sich die EG verschuldet, um Mitgliedstaaten bei Zahlungsbilanzproblemen helfen zu können.

14.05. Unterzeichnung des Freihandelsabkommens der EWG mit Norwegen. → 01.07.1973

16.05. Unterzeichnung eines Abkommens zwischen Finnland und dem COMECON über wirtschaftliche Zusammenarbeit.

01.06. Das Assoziierungsabkommen der EWG mit Zypern zur schrittweisen Errichtung einer Zollunion tritt in Kraft.

21.06. Der Grundvertrag zwischen der Bundesrepublik Deutschland und der DDR tritt in Kraft.

01.07.	Das Freihandelsabkommen der EWG mit Norwegen tritt in Kraft.
–	Das Interimsabkommen Österreichs mit der EGKS tritt außer Kraft.
03.07.–07.07.	Beginn der Konferenz über Sicherheit und Zusammenarbeit in Europa (KSZE) in Helsinki, an der Außenminister der 35 europäischen (außer Albanien) und nordamerikanischen Staaten teilnehmen. → 01.08.1975
19.07.–20.07.	Der Rat der EWG nimmt die grundlegenden Leitlinien für Umweltfragen an.
23.07.	Die EG-Außenminister verabschieden in Kopenhagen einen zweiten Bericht zur EPZ (sog. Kopenhagener Bericht).
26.07.–27.07.	Brüsseler Konferenz der EG mit 46 AKP-Staaten über die künftige Gestaltung der gegenseitigen Beziehungen.
01.09.	Ein auf fünf Jahre abgeschlossenes nichtpräferenzielles Handelsabkommen der EWG mit Jugoslawien zur Ausweitung der Zusammenarbeit tritt in Kraft.
05.10.	Unterzeichnung des Freihandelsabkommens der EWG mit Finnland. → 01.01.1974
–	Unterzeichnung des Europäischen Patentübereinkommens in München, mit dem das Patenterteilungsverfahren einheitlich geregelt wird.
30.10.	Eröffnung der Wiener „Konferenz über die gegenseitige Verminderung von Streitkräften und Rüstungen und damit zusammenhängende Maßnahmen in Mitteleuropa“, an der insgesamt 19 NATO- und Warschauer Pakt-Staaten teilnehmen.

22.11. Einrichtung des ersten Aktionsprogramms der EG auf dem Gebiet des Umweltschutzes.

14.12.–15.12. Der EG-Gipfel der Staats- und Regierungschefs in Kopenhagen präsentiert ein „Dokument über die europäische Identität“, wonach Europa in allen wesentlichen Fragen „mit einer Stimme“ sprechen soll. Außerdem beschließen die Neun die rasche Einführung einer gemeinsamen Energiepolitik, die Einrichtung eines Regionalfonds und die Errichtung eines unabhängigen Rechnungshofs.

17.12. Unterzeichnung eines Handelsabkommens der EWG mit Indien.

19.12. Unterzeichnung eines Handelsabkommens der EWG mit Brasilien. → 01.08.1974

01.01.	Das Freihandelsabkommen der EWG mit Finnland tritt in Kraft.
–	Die Abkommen der EWG mit Österreich bzw. der Schweiz über den Durchgangsverkehr von Waren der Gemeinschaft treten in Kraft.
19.01.	Frankreich verläßt die sog. Währungsschlange und gibt den Franc-Kurs frei.
21.01.	Die Arbeits- und Sozialminister der EG verabschieden ein sozialpolitisches Aktionsprogramm der Gemeinschaft zu Fragen der Beschäftigung, der Angleichung der Lebens- und Arbeitsbedingungen sowie der Einbindung der Sozialpartner in sozial- und wirtschaftspolitische Entscheidungen. Diese Entschließung bildet auch die Grundlage für die zwischen 1975 und 1992 vom Rat beschlossenen sechs Richtlinien zur Gleichbehandlung von Frauen und Männern und zum Mutterschutz.
18.02.	Der Rat der EG legt in einer Entscheidung eine Reihe gemeinschaftlicher Maßnahmen fest, durch die die Wirtschafts- und Währungspolitik der Mitgliedstaaten besser aufeinander abgestimmt und ein höherer Grad der Konvergenz erzielt werden soll.
01.04.	Die neue Labour-Regierung in Großbritannien ersucht um Neuverhandlung der Beitrittsbedingungen des Vereinten Königreichs.
–	Unterzeichnung eines nichtpräferenziellen Abkommens über handelspolitische Zusammenarbeit zwischen der EWG und Indien.
05.04.	Gründung des Bundes der Sozialdemokratischen und Sozialistischen Parteien der Europäischen

Gemeinschaft, der als regionaler Zusammenschluß der Sozialistischen Internationale im Bereich der EG konzipiert ist.

25.04. Die Diktatur in Portugal wird durch den Putsch einer kolonialismuskritischen Oppositionsgruppe jüngerer Offiziere, des „Movimento das Fôrças Armadas", beendet. Parteien und Gewerkschaften werden zugelassen. In der Folgezeit Bodenreform und Verstaatlichung eines Teils der Industrie.

04.06. Großbritannien verlangt nach der Regierungsübernahme durch die Labour Party Neuverhandlungen über die Beitrittsbedingungen zur EG.

24.07. Sturz des Militärregimes in Griechenland nach einem von ihm gesteuerten Putschversuch auf Zypern. Die Regierung Karamanlis wird wieder eingesetzt und durch Parlamentswahlen bestätigt.

31.07. Eröffnung des sog. Euro-Arabischen Dialogs (EAD) zwischen der EG und 20 arabischen Staaten in Paris. Der EAD stellt eine Initiative der Liga der Arabischen Staaten zur Intensivierung der wirtschaftlichen und politischen Zusammenarbeit mit Europa vor dem Hintergrund der Ölpreiskrise 1973/1974 dar.

01.08. Die nichtpräferenziellen Handelsabkommen zwischen der EWG und Brasilien bzw. Uruguay treten in Kraft.

14.09. Auf Einladung des französischen Präsidenten Valéry Giscard d'Estaing finden in Paris informelle Gespräche der neun Staats- und Regierungschefs sowie des Kommissionspräsidenten statt, bei denen Übereinkunft über die Einrichtung des Europäischen Rats erzielt wird.

Valéry Giscard d'Estaing (geb. 1926):
Französischer Politiker und Staatsmann. Staatspräsident 1974–1981. Bildete zusammen mit

dem deutschen Bundeskanzler Helmut Schmidt eine starke deutsch-französische Achse der Europapolitik, insbesondere im Europäischen Rat. Nach dem Wahlsieg François Mitterrands 1981 Rückkehr ins französische Parlament. Ab 1989 Abgeordneter des Europäischen Parlaments.

11.10. Einstimmiger Beschluß der UNO-Vollversammlung, der EG Beobachterstatus einzuräumen. Die Gemeinschaft darf damit an Sitzungen der Versammlung sowie an der Arbeit in den Ausschüssen teilnehmen.

15.11. Gründung der Internationalen Energie-Agentur (IEA) durch 16 OECD-Staaten als Reaktion auf die erste Ölkrise.

28.11. Griechenland wird nach Rückkehr zur Demokratie wieder Mitglied des Europarats.

09.12.–10.12. Der Gipfel der EG-Staats- und Regierungschefs in Paris beschließt, künftig dreimal jährlich Zusammenkünfte auf höchster Regierungsebene als „Europäischer Rat" einzurichten. Die Mehrheitsentscheidungen im Ministerrat sollen erweitert und die Direktwahl zum Europäischen Parlament mit 1978 eingeführt werden. Inflation und Rezession sollen aus Mitteln eines zu schaffenden Regionalfonds bekämpft werden. Weiters wird ein Grundsatzbeschluß zur Schaffung eines einheitlichen europäischen Reisepasses gefaßt. Der belgische Ministerpräsident Leo Tindemans wird beauftragt, einen Bericht über die Umwandlung der EG in eine Europäische Union zu erstellen.

14.01. Das Europäische Parlament beschließt die Annahme des Vertragsentwurfs über die allgemeine und unmittelbare Wahl seiner Abgeordneten.

03.02. Proklamation eines türkischen Separatstaats auf Zypern.

10.02. Das Europäische Zentrum für die Förderung der Berufsbildung CEDEFOP wird durch eine Verordnung des Rats der EG als unabhängiges Organ eingerichtet. Aufgabe des Zentrums, das eng mit der EG-Kommission zusammenarbeitet, ist die Förderung und Entwicklung der Berufs- und Weiterbildung auf Gemeinschaftsebene. → 09.03.1977

28.02. Das erste Lomé-Abkommen mit 46 AKP-Staaten wird unterzeichnet, das die Verträge von Jaunde und Arusha ablöst. Die Einbeziehung der Entwicklungsländer des Commonwealth war beim EG-Beitritt Großbritanniens vereinbart worden. → 01.04.1976

10.03.–11.03. In Dublin treffen die Staats- und Regierungschefs der EG erstmals als „Europäischer Rat“ zusammen. Es wird eine Umverteilung der Finanzierungslasten zugunsten Großbritanniens beschlossen. Die britische Regierung beschließt darauf mit Mehrheit, der Bevölkerung beim Referendum die Zustimmung für den Verbleib Großbritanniens in der EG zu empfehlen.

18.03. Der EG-Ministerrat beschließt die Einsetzung des Europäischen Regionalfonds (EFRE) und des Ausschusses für Regionalpolitik.

14.04. Verabschiedung des ersten Konsumentenschutz-Programms der Gemeinschaft.

19.04. Unterzeichnung eines Textilhandelsabkommens zwischen der EG und Indien.

11.05. Unterzeichnung des Assoziierungsabkommens der EG mit Israel, das einen stufenweisen Zollabbau vorsieht.

26.05. Gründung der „Europäischen Stiftung für die Verbesserung der Lebens- und Arbeitsbedingungen" mit Sitz in Dublin. Die Stiftung ist eine autonome Einrichtung der EG, die drittelparitätisch unter dem Einfluß der Gewerkschaften, Arbeitgeber und staatlicher Stellen steht.

30.05. Gründung der Europäischen Weltraumorganisation ESA (European Space Agency) mit Sitz in Paris. Aufgabe der ESA ist die Kooperation auf dem Gebiet der nichtmilitärischen Raumfahrt-Forschung und Raumfahrttechnologie.

05.06. Die britische Bevölkerung befürwortet in einem Referendum mit 67,2% gegenüber 32,8% der Stimmen bei einer Beteiligung von 60,4% den Verbleib Großbritanniens in der EG.

12.06. Griechenland stellt den Antrag auf Beitritt zu den EG.

17.06. Krise innerhalb der NATO. Nach einem amerikanischen Waffenembargo gegen die Türkei wegen deren Invasion auf Zypern sieht Ankara die Verträge über militärische Zusammenarbeit mit den USA als nicht mehr bindend an.

01.07. Unterzeichnung eines Abkommens zwischen der EWG und Israel über Zusammenarbeit und zur Errichtung einer Freihandelszone.

10.07. Frankreich kehrt in die Währungsschlange zurück.

15.07. Unterzeichnung eines Handelsabkommens der EWG mit Mexiko. → 01.11.1975

22.07. Unterzeichnung des Brüsseler Vertrags zur Errichtung des Europäischen Rechnungshofs mit Sitz in Luxemburg sowie über verstärkte Haushaltsbefugnisse des Europäischen Parlaments anläßlich einer Konferenz der Regierungsvertreter aller EG-Mitgliedstaaten. → 01.06.1977

– Unterzeichnung eines Handelsabkommens zwischen der EWG und Sri Lanka. → 01.12.1975

30.07.–01.08. Unterzeichnung der Schlußakte der Konferenz über Sicherheit und Zusammenarbeit in Europa (KSZE) in Helsinki durch insgesamt 35 Staaten. Die Schlußakte von Helsinki enthalten sog. drei Körbe: Grundprinzipien wie Achtung der Menschenrechte, Nichteinmischung und vertrauensbildende Maßnahmen („Korb 1"), Zusammenarbeit auf wirtschaftlichem, technischem und wissenschaftlichem Gebiet sowie in Umweltfragen („Korb 2"), Zusammenarbeit in humanitären und anderen Bereichen („Korb 3").

15.09.–17.09. Wirtschafts-Gipfelkonferenz der Staats- und Regierungschefs der Bundesrepublik Deutschland, Frankreichs, Italiens, Japans, Großbritanniens und der USA in Rambouillet bei Paris.

15.09. Aufnahme offizieller Beziehungen zwischen der EG und der VR China.

01.11. Das nichtpräferenzielle Abkommen auf der Grundlage wirtschaftlicher und handelspolitischer Zusammenarbeit zwischen der EWG und Mexiko tritt in Kraft.

18.11. In Brüssel findet eine sog. dreigliedrige Konferenz über die wirtschaftliche und soziale Situation in der Gemeinschaft statt, an der zum ersten Male neben den verantwortlichen MinisterInnen für Wirtschafts- und Sozialpolitik auch die Sozialpartner teilnehmen.

29.11. Gründung des Europäischen Fonds für Regionale Entwicklung (EFRE) als Strukturfonds der EG zum Ausgleich gravierender Ungleichgewichte innerhalb der Gemeinschaft.

01.12. Das nichtpräferenzielle Abkommen über handelspolitische Zusammenarbeit zwischen der EWG und Sri Lanka tritt in Kraft.

01.12.–02.12. Der Europäische Rat beschließt in Rom die Einführung allgemeiner unmittelbarer Wahlen der Abgeordneten zum Europäischen Parlament, des Europa-Passes sowie die offizielle Teilnahme der Gemeinschaft am Nord-Süd-Dialog.

15.12. Unterzeichnung des gemeinschaftlichen Abkommens über das „Europäische Patent für den Gemeinsamen Markt".

16.12.–19.12. Konferenz über internationale wirtschaftliche Zusammenarbeit in Paris, an der auf Ministerebene die VertreterInnen von sieben Industrieländern und 19 Entwicklungsländern sowie der EG teilnehmen.

29.12. Den Regierungen der EG-Mitgliedstaaten wird der „Bericht über die Europäische Union" des belgischen Ministerpräsidenten Leo Tindemans (sog. Tindemans-Bericht) vorgelegt, der für die Weiterentwicklung der europäischen Integration gegebenenfalls auch die Möglichkeit eines „Europa der zwei Geschwindigkeiten" vorsieht.

Leo Tindemans (geb. 1922):
Belgischer Ministerpräsident 1974–1978 und Außenminister 1981–1989. Von 1989 bis 1994 Abgeordneter des Europäischen Parlaments, Verfasser des nach ihm benannten Berichts über den Aufbau der Europäischen Union aus dem Jahre 1975.

16.02. Das Exekutivkomitee des COMECON schlägt der EG ein Abkommen zur Regelung der gegenseitigen Beziehungen vor.

14.03. Frankreich scheidet erneut aus der Währungsschlange aus.

26.03. Ein neues Verteidigungsabkommen zwischen der Türkei und den USA gewährt Ankara Kredite und Militärhilfe.

26.03.–27.03. Gründung der Föderation der Europäischen Liberalen Demokraten (ELD) in Stuttgart.

01.04. Das erste Lomé-Abkommen der EG mit 46 AKP-Staaten tritt in Kraft.

01.04.–02.04. Der Europäische Rat beschließt beim Gipfel in Luxemburg, Jean Monnet aus Anlaß seines Rückzugs aus dem öffentlichen Leben den Titel „Ehrenbürger Europas" zu verleihen.

08.04. Der EuGH erkennt in seinem Urteil „Defrenne II" den ursprünglich aus rein wirtschaftlichen Erwägungen in den Gründungsvertrag der EWG eingeführten Grundsatz der Lohngleichheit von Frauen und Männern als allgemeines Grundrecht der Gemeinschaft an.

19.04. Abschluß eines Verteidigungsabkommens zwischen Griechenland und den USA. Athen erhält militärische Hilfe.

25.04.–27.04. Unterzeichnung der Kooperationsabkommen zwischen der EG und den Maghreb-Staaten Algerien (26.04.), Marokko (27.04.) und Tunesien (25.04.). → 01.07.1976

29.04. Gründung der Europäischen Volkspartei (EVP) durch VertreterInnen der christlich-demokratischen Parteien der EG-Mitgliedstaaten in Brüssel.

01.05.	Das Abkommen der EWG mit Österreich über den Durchgangsverkehr von Waren der Gemeinschaft einerseits und Griechenland sowie der Türkei andererseits tritt in Kraft.
10.05.	Unterzeichnung eines Abkommens der EG mit Schweden über die Zusammenarbeit in den Bereichen Kernfusion und Plasmaphysik.
01.07.	Das nichtpräferenzielle Abkommen über handelspolitische Zusammenarbeit zwischen der EWG und Pakistan tritt in Kraft.
–	Das Kooperationsabkommen der EG mit den Maghreb-Staaten Algerien, Marokko und Tunesien tritt in Kraft.
06.07.	Unterzeichnung eines Rahmenabkommens zwischen der EG und der Internationalen Energie-Agentur (IEA) über die Zusammenarbeit im Bereich der Energieforschung.
–	Abschluß eines Handels- und Kooperationsabkommens zwischen der EWG und Kanada, des ersten Kooperationsabkommens mit einem Industrieland.
12.07.–13.07.	Der Europäische Rat einigt sich beim Gipfel in Brüssel auf die Abhaltung der ersten Direktwahlen zum Europäischen Parlament, die für Mai 1978 vorgesehen werden und legt die Gesamtanzahl der Sitze mit 410 sowie die Zahl der Sitze für jeden Mitgliedstaat fest. Mit der Einführung allgemeiner unmittelbarer Wahlen soll dem Vorwurf des „Eurokratentums“ begegnet und die demokratische Legitimation der Gemeinschaft verbessert werden.
27.07.	Beginn der EG-Beitrittsverhandlungen mit Griechenland.
13.09.	Die EG unterzeichnet das Abkommen von Barcelona zum Schutz des Mittelmeers gegen Verschmutzung. → 06.02.1978

20.09. Unterzeichnung des „Aktes zur Einführung allgemeiner, unmittelbarer Wahlen der Abgeordneten des Europäischen Parlaments“ durch den Rat in Brüssel.

22.09. Aufnahme Portugals in den Europarat.

29.11.–30.11. Der Europäische Rat thematisiert beim Gipfel in Den Haag die negative Entwicklung im Handelsaustausch mit Japan und bekräftigt sein Interesse an der Teilnahme der Gemeinschaft am Nord-Süd-Dialog. Darüber hinaus wird eine Erklärung über die Schaffung der Europäischen Union veröffentlicht.

01.12. Unterzeichnung eines Kooperationsabkommens zwischen der EG und Bangladesh.

10.12. Beginn der Verhandlungen über den Beitritt Griechenlands zur EG.

01.01. Der Beschluß der neun EG-Mitgliedstaaten über die Ausdehnung der Fangzonen für die Fischerei in der Nordsee und im Atlantik auf 200 Meilen tritt in Kraft.

– Beseitigung aller Zollschranken zwischen Österreich und EWG bzw. EGKS im industriell-gewerblichen Bereich. Ausnahmen bilden Stahl (bis 1979) und Papier (bis 1983).

06.01. Der britische Labour-Politiker Roy Jenkins tritt sein Amt als Präsident der EG-Kommission an.

Roy Jenkins (geb. 1920):
Britischer Labour-Politiker, Gallionsfigur des Europa-Flügels seiner Partei. Unternahm als Kommissionspräsident im Oktober 1977 in einer Grundsatzrede vor dem EHI in Florenz einen neuerlichen Vorstoß für die Idee der Europäischen Währungsunion (EWU), um die es in den siebziger Jahren still geworden war.

18.01. Unterzeichnung der Kooperationsabkommen der EG mit den Maschrik-Staaten Ägypten, Jordanien und Syrien. → 01.11.1978

27.01. Unterzeichnung der „Europäischen Übereinkunft zur Bekämpfung des Terrorismus" im Rahmen des Europarats. Irland und Malta treten dem Abkommen nicht bei.

16.02. Unterzeichnung eines Kooperationsabkommens der EG mit dem Libanon.

09.03. Einweihung des Europäischen Zentrums für die Förderung der Berufsbildung CEDEFOP, einer rechtlich eigenständigen, ausschließlich aus EG-Mitteln finanzierten Einrichtung in Berlin.

25.03.–26.03.	Gipfel des Europäischen Rats in Rom anläßlich des 20. Jahrestags der Unterzeichnung des EWG- und des EURATOM-Vertrags. Im Mittelpunkt der Tagung stehen die Wirtschaftskrise und Arbeitslosigkeit in der Gemeinschaft.
28.03.	Portugal stellt den Antrag auf Beitritt zur EG.
05.04.	Unterzeichnung einer gemeinsamen Erklärung zu den Grundrechten durch die Präsidenten des Rats, der Kommission und des Europäischen Parlaments.
03.05.	Unterzeichnung eines Kooperationsabkommens der EG mit dem Libanon als Teil einer von der Gemeinschaft angestrebten Globallösung für den Mittelmeerraum.
07.05.–08.05.	Erste Teilnahme der Gemeinschaft an einem sog. Wirtschaftsgipfel der westlichen Industrienationen in London.
17.05.	Der Rat verabschiedet die sechste Mehrwertsteuer-Richtlinie, mit der eine einheitliche Bemessungsgrundlage für ihre Erhebung und zugleich die Möglichkeit geschaffen wird, das System der eigenen Mittel der Gemeinschaft zu verwirklichen.
01.06.	Der Vertrag über die Erweiterung der Haushaltsbefugnisse des Europäischen Parlaments vom 22.07.1975 tritt in Kraft.
27.06.	Konferenz über die Beschäftigung in der Gemeinschaft in Luxemburg, an der die zuständigen Minister sowie VertreterInnen der Arbeitgeber- und Arbeitnehmerorganisationen teilnehmen.
29.06.	Der Rat der Europäischen Bischofskonferenzen veröffentlicht sein Grundsatzdokument „Ein Wort zu Europa. Erklärung der europäischen Bischofskonferenzen“, das sich für ein Europa der Men-

schenrechte und des Friedens, für gerechte Sozial- und Wirtschaftsverhältnisse sowie für Familie und Umwelt ausspricht.

29.06.–30.06. Tagung des Europäischen Rats in London. Die EG-Regierungschefs anerkennen in ihrer Erklärung zum Nahostkonflikt das Recht des palästinensischen Volkes auf eigene Heimat und Identität.

01.07. Der Abbau der Zölle zwischen den neun EG-Mitgliedstaaten ist abgeschlossen.

10.07. Rückkehr Frankreichs in die Währungsschlange.

27.07. Spanien stellt den Antrag auf Beitritt zu den EG.

25.10. Konstituierende Sitzung des Europäischen Rechnungshofs in Luxemburg, der die Kontrollkommission für EWG und EURATOM sowie die EGKS-Kommissare für Rechnungsfragen ablöst.

27.10. EG-Kommissionspräsident Roy Jenkins verkündet vor dem Europäischen Hochschulinstitut (EHI) in Florenz seine 7 Thesen für einen neuen Ansatz zur Europäischen Währungsunion (EWU).

05.12.–06.12. Gipfel des Europäischen Rats in Brüssel. Wesentliches Ergebnis der Tagung bilden die Beschlüsse über die Einführung einer neuen Rechnungseinheit zur Finanzierung des EWG-Haushalts.

31.12. Ende der Frist für die Übergangsregelungen für Dänemark, Großbritannien und Irland.

01.01.	Für Dänemark, Irland und Großbritannien endet die in den EG-Beitrittsverträgen vereinbarte Übergangszeit.
03.02.	Unterzeichnung eines fünfjährigen Handelsabkommens zwischen der EG und der VR China. → 01.06.1978
06.02.	Das Abkommen von Barcelona über den Schutz des Mittelmeers tritt in Kraft.
28.02.	Abschluß eines Stahlabkommens zwischen Österreich und der EGKS.
07.04.–08.04.	Der Europäische Rat faßt beim Gipfel in Kopenhagen den Beschluß, die erste Direktwahl zum Europäischen Parlament vom 07.06.–10.06.1979 abzuhalten sowie den Grundsatzbeschluß, das Europäische Währungssystem (EWS) einzuführen und gibt eine Erklärung zur Demokratie ab.
01.06.	Das Handelsabkommen zwischen der EG und der VR China tritt in Kraft.
06.07.–07.07.	Der Europäische Rat beschließt in Bremen die Schaffung des Europäischen Währungssystems (EWS) und einer europäischen Währungseinheit (ECU).
16.07.–17.07.	Teilnahme der Gemeinschaft am Wirtschaftsgipfel der westlichen Industrienationen in Bonn.
25.07.–28.07.	Erste gemeinsame Expertenrunde von EG und COMECON.
05.09.	Beginn der Fischereiverhandlungen unter den EG-Staaten.
14.09.	Unterzeichnung eines Abkommens zwischen der EURATOM und der Schweiz über die Zusammenarbeit im Bereich der Kernfusion und der Plasmaphysik.

28.09. Aufnahme Liechtensteins in den Europarat.

17.10. Beginn der EG-Beitrittsverhandlungen mit Portugal.

24.10. Unterzeichnung eines neuen Abkommens über eine multilaterale Zusammenarbeit im Nordwestatlantik in Ottawa.

01.11. Die Kooperationsabkommen der EG mit den Maschrik-Staaten treten in Kraft.

07.12. Unterzeichnung eines multilateralen Freihandelsabkommens zwischen den sieben EFTA-Staaten und Spanien, das die Beseitigung aller Zölle und anderer Handelshemmnisse zum Ziel hat.

04.12.–05.12. Der Europäische Rat beschließt in Bremen das Inkrafttreten des Europäischen Währungssystems (EWS) zum 01.01.1979, das die sog. Währungsschlange ablöst. Die neugeschaffene Europäische Währungseinheit ECU soll zur Stabilisierung der Wechselkurse beitragen. Großbritannien beteiligt sich vorläufig nicht am EWS.

01.01. Das Abkommen zwischen der EG und der Internationalen Entwicklungsorganisation (IDA) über das von der Konferenz über internationale wirtschaftliche Zusammenarbeit (KIWZ) angeregte besondere Aktionsprogramm tritt in Kraft.

17.01. Die Bevölkerung Grönlands spricht sich in einem Referendum mit 70,1% der Stimmen bei einer Beteiligung von 63,2% für die Einführung einer schrittweisen Autonomie ab Mai 1979 aus. → 01.05.1979, 23.02.1982, 13.03.1984, 18.11.1984, 01.02.1985

05.02. Beginn der EG-Beitrittsverhandlungen mit Spanien.

13.02. Eröffnung des Telekommunikationssystems „Euronet". Mit der Datenbank „Diane" stehen Nutzern aller EG-Staaten Informationen aus den Bereichen Forschung, Wirtschaft, Umwelt, Recht, Statistik und Politik zur Verfügung.

– Beginn eines im Rahmen des KSZE-Prozesses einberufenen Expertentreffens in La Valetta (Malta) zu Fragen der Zusammenarbeit im Mittelmeerraum.

12.03.–13.03. Der Europäische Rat in Brüssel beschließt rückwirkend zum 01.01.1979 das Inkrafttreten des Europäischen Währungssystems (EWS). Damit löst der ECU die bis dahin geltende Europäische Recheneinheit (ERE) ab.

16.03. Tod Jean Monnets, des ersten Präsidenten der Hohen Behörde der EGKS und Gründers des Aktionskomitees für die Vereinigten Staaten von Europa.

30.03. Das Irische Pfund löst sich vom Pfund Sterling. Irland tritt dem EWS bei.

01.05. Beginn der schrittweisen Unabhängigkeit Grönlands von Dänemark.

07.05.–13.06. Die Gemeinschaft nimmt an der fünften UNCTAD-Konferenz in Manila mit Beobachterstatus teil.

28.05. Unterzeichnung der Beitrittsakte Griechenlands zur EG in Athen.

07.06.–10.06. Die ersten allgemeinen unmittelbaren Wahlen zum Europäischen Parlament finden in allen neun Mitgliedstaaten statt. Die Wahlbeteiligung beträgt durchschnittlich ca. 61%.

18.06. Unterzeichnung des SALT-II-Vertrags über die Reduktion strategischer Waffen durch die USA und die UdSSR.

– Treffen der EG-Außenminister im Rahmen der Europäischen Politischen Zusammenarbeit (EPZ) in Paris. In einer Erklärung zur Nahost-Problematik wird der Anspruch Israels auf die besetzten Gebiete und das Festhalten an seiner Siedlungspolitik kritisiert.

21.06.–22.06. Gipfel des Europäischen Rats in Straßburg. Im Mittelpunkt der Beratungen der EG-Staats- und Regierungschefs stehen die Ergebnisse der ersten Direktwahl zum Europäischen Parlament, das EWS, die Energiepolitik, das Ungleichgewicht in den Handelsbeziehungen zwischen Europa und Japan sowie das Problem der Indochina-Flüchtlinge.

26.06. Unterzeichnung eines multilateralen Freihandelsabkommens zwischen der EFTA und Spanien in Madrid. Ziel des Abkommens ist die Beseitigung aller Zölle und anderer Beschränkungen im Handel zwischen den sieben EFTA-Staaten und Spanien.

17.07.–20.07. Erste Sitzung des direkt gewählten Europäischen Parlaments in Straßburg, bei der Simone Veil zur Präsidentin gewählt wird.

Simone Veil (geb. 1927):
Französische Gesundheitsministerin 1974–1977; seit 1979 Abgeordnete des Europäischen Parlaments und dessen Präsidentin 1979–1982.

19.09.–21.09. Dritte europäische Ministerkonferenz für Umweltschutz des Europarats in Bern. 18 der 21 Mitgliedstaaten des Europarats (Ausnahmen: Island, Malta, Zypern) sowie Finnland und die EG unterzeichnen eine Konvention zum Schutz wildwachsender Pflanzen und wildlebender Tiere und ihrer Lebensräume.

24.09. Eine Arbeitsgruppe von fünf unabhängigen Experten unter Vorsitz des niederländischen Diplomaten und früheren Mitglieds der Hohen Behörde der EGKS, Dirk Spierenburg, legt der Kommission ihren Bericht über die Reform der Struktur und Arbeitsweise der Kommission vor.

26.09. Konferenz der EnergieministerInnen von 7 westlichen Industriestaaten (USA, Kanada, Japan, Bundesrepublik Deutschland, Frankreich, Großbritannien, Italien). Im Mittelpunkt der Beratungen stehen konkrete Energiesparmaßnahmen insbesondere im Erdölbereich. Beschlossen werden konkrete Einsparungsziele bis 1985 sowie die Führung eines monatlichen Registers der Rohölgeschäfte auf den freien Märkten durch die Internationale Energie-Agentur der OECD und die EG.

06.10. Die UdSSR kündigt einseitige Rüstungs- und Truppenreduzierungen an und fordert vom Westen den Verzicht auf die Stationierung neuer Raketenwaffen in Europa. Die Vermehrung der auf Westeuropa gerichteten nuklearen Waffen trägt jedoch dazu bei, daß sich die Spannungen zwischen Ost und West in der Folgezeit weiter verschärfen.

29.10. Der vom Europäischen Rat in Auftrag gegebene sog. Bericht der drei Weisen – das sind der frühere niederländische Ministerpräsident Barend Bushevel, der britische Staatsminister Edmund Dell und der frühere EG-Kommissions-Vizepräsident Robert Marjolin – wird vorgelegt. Er hält als Hauptursache für die Stagnation der Gemeinschaft den mangelnden politischen Willen zur Integration fest.

31.10. Das zweite Lomé-Abkommen zwischen der EG und 58 AKP-Staaten wird unterzeichnet.

29.11. Die britische Regierung fordert beim Europäischen Rat in Dublin eine Lösung der Frage des britischen Beitrags und löst damit eine insgesamt fünfjährige Krise der Gemeinschaft aus.

12.12. Die NATO faßt den sog. Doppelbeschluß über die Stationierung von nuklearen Mittelstreckenraketen in Westeuropa bei gleichzeitigem Angebot von Verhandlungen zur Rüstungskontrolle an den Warschauer Pakt.

13.12. Das erste direkt gewählte Europäische Parlament lehnt den EG-Haushaltsentwurf für 1980 ab, so daß ein neuer Entwurf vorgelegt werden muß.

17.12. Unterzeichnung der GATT-Abkommen der sog. Tokio-Runde, die der Liberalisierung des Welthandels dienen.

13.02.	Eröffnung des Euronet-Diane Telekommunikationsnetzwerks, das innerhalb der Gemeinschaft einen direkten Zugang zu Informationen gewährleisten soll.
07.03.–08.03.	Unterzeichnung des Kooperationsabkommens zwischen der EG und der ASEAN, dem Verband der südostasiatischen Nationen Brunei, Indonesien, Malaysia, Philippinen, Singapur und Thailand. → 01.10.1980
02.04.	Unterzeichnung des Kooperationsabkommens zwischen der EG und Jugoslawien.
27.04.–28.04.	Tagung des Europäischen Rats in Luxemburg. Im Mittelpunkt der Beratungen steht abermals der britische Beitrag zum Budget der Gemeinschaft, weiters die Lage im Iran und in Afghanistan.
05.05.	Erste gemeinsame Tagung von Ministern der EG und der sog. Andengruppe.
17.05.	Die EG und die Anrainerstaaten des Mittelmeerraums unterzeichnen im Rahmen des Abkommens von Barcelona ein Protokoll über den Schutz des Mittelmeers gegen Verschmutzung vom Lande aus.
30.05.	Der Rat erteilt der Kommission das Mandat (sog. Mandat vom 30. Mai), vor dem 30.06.1981 strukturelle Änderungen des Haushalts und Anpassungen der Gemeinschaftspolitiken auszuarbeiten und vorzuschlagen. Weiters wird ein Kompromiß zum strittigen Beitrag Großbritanniens zur Finanzierung des gemeinschaftlichen Haushalts gefunden.
12.06.–13.06.	Der Europäische Rat verabschiedet beim Gipfel in Venedig eine Erklärung zum Nahostkonflikt.

13.06.	EG und Mitgliedstaaten der Internationalen Atomenergieorganisation (IAEO) unterzeichnen ein internationales Abkommen über den Objektschutz von Kernmaterial.
22.06.–23.06.	Unterzeichnung eines Abkommens zwischen EURATOM und Spanien über die Zusammenarbeit im Bereich der Kernfusion.
28.07.	Unterzeichnung des Handelsabkommens über gewerbliche Waren zwischen der EWG und Rumänien.
31.08.	Gründung der unabhängigen Gewerkschaft „Solidarnosz“ in Polen.
12.09.	In der Türkei übernimmt eine Militärjunta die Macht.
18.09.	Unterzeichnung eines Rahmenabkommens über die Zusammenarbeit zwischen den EG und Brasilien. → 01.10.1982
01.10.	Inkrafttreten des Kooperationsabkommens zwischen der EG und den ASEAN-Staaten.
06.10.	Die Kommission reagiert auf die Krise der EG-Eisen- und Stahlindustrie und ersucht den Rat um seine Zustimmung zur Einführung von Produktionsquoten.
11.11.	Beginn der KSZE-Nachfolgekonferenz in Madrid.
01.12.–02.12.	Tagung des Europäischen Rats in Luxemburg. Zentrales Thema der Erörterungen ist die Wirtschaftslage der EG.
16.12.	Verordnung des Rats der EG zur Ersetzung der Europäischen Rechnungseinheit (ERE) durch die neue Europäische Währungseinheit ECU.

01.01.	Griechenland wird zehntes Mitglied der EG: Beginn der sog. Süderweiterung.
–	Das Lomé-II-Abkommen tritt in Kraft.
–	Der Ersatz der Europäischen Rechnungseinheit für den EG-Haushalt durch die Europäische Währungseinheit ECU tritt in Kraft.
06.01.	Gaston Thorn tritt sein Amt als Präsident der EG-Kommission an.
	Gaston Thorn (geb. 1928): Luxemburgischer Politiker. Ministerpräsident 1974–1979. Präsident der EG-Kommission 1981–1984.
06.01.–20.01.	Die Außenminister Italiens und der Bundesrepublik Deutschland befürworten eine Stärkung der EPZ (sog. Genscher-Colombo-Initiative).
	Hans-Dietrich Genscher (geb. 1928): Deutscher Politiker. Innenminister 1969–1974, Außenminister 1974–1992. Europapolitisch trat Genscher vor allem durch seinen gemeinsam mit seinem italienischen Amtskollegen Emilio Colombo 1981 vorgelegten Vertragsentwurf zur Gründung einer Europäischen Union (sog. Genscher-Colombo-Plan) hervor.
	Emilio Colombo (geb. 1920): Italienischer Politiker. Ministerpräsident 1970–1971, Minister verschiedener Ressorts. Legte als Außenminister gemeinsam mit seinem deutschen Kollegen Hans-Dietrich Genscher einen Vertragsentwurf zur Gründung der Europäischen Union vor (sog. Genscher-Colombo-Plan).
23.03.–24.03.	Bei der Tagung des Europäischen Rats in Maastricht, die vor allem der Vorbereitung des

Gipfels im Juni 1981 dient, werden aufgrund der bestehenden Spannungen mit Großbritannien keine Fortschritte in den sensiblen Bereichen Fischerei und Landwirtschaft erzielt.

23.06. Unterzeichnung eines fünfjährigen Abkommens über wirtschafts- und handelspolitische Zusammenarbeit zwischen der EG und Indien.

29.06.–30.06. Der Gipfel des Europäischen Rats in Luxemburg zur wirtschaftlichen und sozialen Lage der Gemeinschaft endet ohne konkrete Beschlüsse und Ergebnisse.

07.07.–09.07. Das Europäische Parlament beschließt, auf Grundlage der Initiative von Altiero Spinelli einen Ausschuß zu Fragen der institutionellen Reform und der Weiterentwicklung der Gemeinschaft einzurichten.

21.09. Unterzeichnung eines Abkommens zwischen der EURATOM und Australien über den Transfer von Kernmaterial.

13.10. Der Europäische Rat nimmt in London den gemeinsamen Bericht des deutschen und des italienischen Außenministers (sog. Londoner Bericht, Genscher-Colombo-Plan) zur Verbesserung der Europäischen Politischen Zusammenarbeit (EPZ) und zur Schaffung der Europäischen Union zur Kenntnis.

18.10. Erste Direktwahl zum Europäischen Parlament in Griechenland.

19.11. Die Außenminister Genscher und Colombo legen dem Europäischen Parlament den gemeinsamen Entwurf ihrer Regierungen über die Einheitliche Europäische Akte (EEA) und eine „Erklärung zur wirtschaftlichen Integration“ vor.

22.11. Der EG-Ministerrat stimmt den Ergebnissen der sog. Tokio-Runde des GATT zu.

26.11.–27.11. Gipfel des Europäischen Rats in London. Die Staats- und Regierungschefs nehmen den deutsch-italienischen Entwurf der „Einheitlichen Europäischen Akte“ (EEA) sowie Berichte zur Europäischen Union entgegen. Über die strittigen Bereiche Landwirtschaft und Umstrukturierung des EG-Haushalts wird weiterhin keine Einigung erzielt.

04.01.	Die Außenminister der EG verurteilen auf einer Sonderkonferenz die Verhängung des Kriegsrechts in Polen.
19.02.	Der Niederländer Pieter Dankert wird zum Präsidenten des Europarats gewählt. **Pieter Dankert** (geb. 1934): Niederländischer Politiker. 1971 Mitglied der Beratenden Versammlung des Europarats, 1977–1989 Abgeordneter des Europäischen Parlaments und dessen Präsident von 1982 bis 1984.
23.02.	Die Bevölkerung Grönlands, die durch ihre Zugehörigkeit zu Dänemark in die Gemeinschaft integriert ist, votiert in einer Volksbefragung mit 52% für den Austritt und die Errichtung neuer Beziehungen zur EG. → 01.02.1985, 13.03.1984
29.03.	Gründung der Europäischen Stiftung für kulturelle Zusammenarbeit anläßlich des 25. Jahrestags des EWG- und EURATOM-Vertrags (sog. Römische Verträge) in Rom. → 25.03.1957
29.03.–30.03.	Gipfel des Europäischen Rats in Brüssel. Anläßlich des 25 Jahrestags der Römischen Verträge kritisieren EG-Kommissionspräsident Gaston Thorn, der Präsident des Europäischen Parlaments, Pieter Dankert, sowie der Präsident des Rats der Außenminister, Leo Tindemans, die Schwäche und Stagnation der Gemeinschaft.
02.04.	Gemeinsame Erklärung der EG-Außenminister zu Argentiniens Invasion der Falkland-Inseln.
16.04.	EG-Handelsembargo gegenüber Argentinien wegen der Besetzung der Falkland-Inseln.
18.05.	Bei der Festsetzung der Agrarpreise für 1982/1983 wird in Abwesenheit des britischen, däni-

schen und griechischen Landwirtschaftsministers eine Mehrheitsentscheidung im EG-Ministerrat getroffen. Das im „Luxemburger Kompromiß“ von 1966 festgelegte Konsensprinzip ist dadurch in seiner Geltung eingeschränkt. → 28./29.01.1966

27.05. Der Rat verabschiedet eine Entschließung über eine Gemeinschaftsaktion zur Bekämpfung der Arbeitslosigkeit.

30.05. Spanien wird 16. Mitglied der NATO.

10.06. Sondersitzung der EG-Außenminister in Bonn zur Lage im Libanon mit anschließender gemeinsamer Erklärung.

15.06. Der Falkland-Krieg endet mit der Rückeroberung der Inseln durch britische Luft- und Seestreitkräfte.

21.06. Die USA verhängen Sanktionen gegen das Erdgasgeschäft Westeuropas mit der UdSSR.

28.06.–29.06. Der Europäische Rat berät auf seinem Gipfel in Brüssel die Haltung der Gemeinschaft zum Libanon bzw. zu den USA.

30.06. Unterzeichnung einer „Gemeinsamen Erklärung“ von Europäischem Parlament, Kommission und Rat (sog. Trialog) zur Verbesserung des Haushaltsverfahrens.

06.07. Das Europäische Parlament legt Leitlinien zur Reform der Verträge und zur Verwirklichung der Europäischen Union vor.

01.10. Das Kooperations-Rahmenabkommen zwischen der EG und Brasilien tritt in Kraft.

03.12.–04.12. Tagung des Europäischen Rats in Kopenhagen. Die Staats- und Regierungschefs der EG bezeichnen die Wiederherstellung der Stabilität und die Schaffung von Arbeitsplätzen vor allem für Jugendliche als vorrangige wirtschaftliche Aufgabe. Politisch wird der Wunsch nach dem EG-Beitritt Portugals und Spaniens sowie die Forderung nach dem Abzug aller Truppen aus dem Libanon bekräftigt.

01.01.	Die EG-Mitgliedstaaten erkennen gegenseitig die von ihnen ausgestellten Führerscheine an.
24.01.	Abschluß eines Assoziierungsabkommens zwischen der EG und Jugoslawien.
–	Das Europäische Parlament erhebt vor dem EuGH Untätigkeitsklage gegen den Rat auf dem Gebiet der Verkehrspolitik.
25.01.	Die Mitgliedstaaten der EG verständigen sich nach sechsjährigen Verhandlungen auf eine gemeinsame Fischereipolitik.
21.03.–22.03.	Im Mittelpunkt der Tagung des Europäischen Rats in Brüssel stehen die Jugendarbeitslosigkeit in Europa und die Aufrechterhaltung eines freien Binnenmarkts gegenüber protektionistischen Tendenzen in den EG-Mitgliedstaaten.
11.04.–15.04.	Das Europäische Parlament verabschiedet eine Entschließung, die Flagge des Europarats (grünes „E" auf weißem Grund) als offizielle Flagge der EG zu übernehmen.
06.05.	Die Kommission legt Vorschläge über die künftige Finanzierung der Gemeinschaft vor.
17.06.–19.06.	Der Europäische Rat verabschiedet beim Gipfel in Stuttgart eine „Feierliche Deklaration zur Europäischen Union" auf der Grundlage des Entwurfs der „Europäischen Akte" (sog. Genscher-Colombo-Initiative). Außerdem faßt er einen Grundsatzbeschluß zur Reform der Haushaltsstruktur und der Agrarpolitik, zu neuen Gemeinschaftsaufgaben und zur Erweiterung der EG um Portugal und Spanien.
25.06.	JET, die erste Kernfusions-Großanlage Europas, wird in Culham (Großbritannien) in Betrieb genommen. → 09.04.1984

28.07. Die Kommission legt Vorschläge zur Reform der Gemeinsamen Agrarpolitik (GAP) und der EG-Strukturfonds vor.

14.09. Positive Abstimmung des Europäischen Parlaments über den Vorentwurf eines Vertrags zur Gründung der EU.

30.09. Beginn der Stationierung von atomaren US-Mittelstreckenraketen in Westeuropa.

05.10. Der polnische Arbeiterführer Lech Walesa erhält den Friedensnobelpreis.

06.10.–07.10. Eröffnung der Verhandlungen über die Erneuerung des Abkommens der EG mit den AKP-Staaten.

15.11. Der türkische Teil Zyperns wird einseitig zum unabhängigen Staat erklärt.

24.11. Die UdSSR kündigt als Gegenmaßnahme zu den Mittelstreckenraketen in Westeuropa die Stationierung entsprechender Waffensysteme im europäischen Teil der UdSSR, in der Tschechoslowakei und der DDR an.

04.12.–06.12. Der Gipfel des Europäischen Rats in Athen scheitert, da weder über Finanzierungs- und Agrarfragen, noch über eine Reform der Strukturfonds sowie über den Beitritt Spaniens und Portugals Einigung erzielt werden kann.

17.12. Unterzeichnung eines Kooperationsabkommens der EG mit den fünf Staaten des Andenpakts (Bolivien, Ecuador, Kolumbien, Peru und Venezuela).

01.01. Entfall der Einfuhrzölle für industriell-gewerbliche Waren zwischen EG und EFTA.

17.01. Beginn der Stockholmer Konferenz über vertrauens- und sicherheitsbildende Maßnahmen in Europa (KVAE).

14.02. Das Europäische Parlament verabschiedet mit großer Mehrheit den von einem Ausschuß unter Altiero Spinelli ausgearbeiteten „Entwurf eines Vertrags zu Gründung der Europäischen Union". Der Entwurf soll als Grundlage einer demokratischen EG-Verfassung dienen und sieht u.a. erweiterte Kompetenzen des Europäischen Parlaments, die Einbeziehung wesentlicher Bereiche der Außen-, Sicherheits-, Regional- und Umweltpolitik in die Gemeinschaftskompetenz sowie die Gestaltung des institutionellen Gefüges nach dem Vorbild westlicher Demokratien vor.

28.02. Der Rat genehmigt das ESPRIT-Programm zur Förderung europäischer Forschung und Entwicklung im Bereich der neuen Informationstechnologien.

05.03. St. Christoph-Nevis tritt als 64. AKP-Staat dem Lomé-II-Abkommen bei.

13.03. Änderungsvertrag über das Ausscheiden Grönlands aus der Gemeinschaft, das rechtlich gesehen keinen Austritt, sondern eine Verkleinerung der Gemeinschaft durch Ausscheiden eines Teils eines Mitgliedstaats darstellt. Grönland bleibt jedoch Teil des Staatsgebiets von Dänemark und erhält den Status der überseeischen Länder und Gebiete vorbehaltlich besonderer Regelungen im Fischereisektor zuerkannt. → 23.02.1982, 01.02.1985

19.03.–20.03. Der Gipfel des Europäischen Rats in Brüssel scheitert am Streit um die Höhe des britischen Beitrags zum EG-Haushalt.

30.03.–31.03. Der Rat beschließt Maßnahmen zur Reform der Gemeinsamen Agrarpolitik (GAP). Die Preise für eine Reihe landwirtschaftlicher Produkte werden erhöht und das Prinzip der unbegrenzten Abnahmegarantie aufgehoben, wodurch insbesondere die hohen Agrarüberschüsse abgebaut werden sollen.

09.04. Der Rat der EG und der EFTA-Rat verabschieden die sog. Luxemburger Erklärung, die eine intensivere Zusammenarbeit und die Schaffung eines Europäischen Wirtschaftsraums (EWR) vorsieht.

– Einweihung des Joint European Torus (JET), des Großforschungsprojekts der EG zur Kernfusion, in Culham (Großbritannien).

21.05.–25.05. Letzte Tagung des Europäischen Parlaments in Straßburg in seiner ersten direkt gewählten Legislaturperiode. Staatspräsident François Mitterrand spricht sich vor dem Parlament für die Weiterentwicklung der EG zu einer Europäischen Union und entsprechende Verhandlungen zwischen den Mitgliedstaaten aus.

07.06. Der Rat und die im Rat vereinigten Vertreter der Regierungen der Mitgliedstaaten verabschieden eine Entschließung über die Lockerung der Personenkontrollen an den Grenzen.

14.06.–17.06. Zweite Direktwahl zum Europäischen Parlament mit einer Wahlbeteiligung von ca. 60%. Es bilden sich folgende Fraktionen: Sozialisten 100 Abgeordnete; Europäische Volkspartei 110; Konservative Europäische Demokraten 50; Kommunisten 41; Liberale 31; Vereinigung der Europäischen Demokraten 29; Regenbogenfraktion 20; Europäische Rechte 16; Fraktionslose 7.

25.06.–26.06. Der Europäische Rat setzt beim Gipfel in Fontainebleau einen Ausschuß zu institutionellen Fragen (sog. Dooge-Ausschuß) und einen zum Thema „Europa der Bürger“ (sog. Adonnino-Ausschuß) ein. Die Polizeikontrollen und Zollformalitäten an den Binnengrenzen für den Verkehr von Personen und Waren sollen beseitigt werden. Weiters wird Einigung über die Erhöhung der Bemessungsgrundlage des Mehrwertsteueranteils der Gemeinschaft von 1% auf 1,4% sowie über den strittigen britischen Beitrag zum gemeinschaftlichen Budget erzielt.

James Dooge (geb. 1922):
Irischer Politiker. Der nach ihm benannte Bericht diente als Grundlage der Beratungen über die Einheitliche Europäische Akte (EEA).

13.07. In Saarbrücken wird die Vereinbarung zwischen der Bundesrepublik Deutschland und Frankreich über die schrittweise Beseitigung der Grenzkontrollen unterzeichnet.

24.07. Der französische christdemokratische Politiker Pierre Pflimlin wird zum Präsidenten des Europäischen Parlaments gewählt.

Pierre Pflimlin (geb. 1907):
Französischer Politiker. Präsident des Europäischen Parlaments 1984–1986.

26.09. Unterzeichnung des Abkommens über handelspolitische und wirtschaftliche Zusammenarbeit zwischen der EG und der VR China.

28.09.–29.09. Erste gemeinsame Konferenz der Außenminister der EG-Mitgliedstaaten, Portugals und Spaniens sowie der mittelamerikanischen Staaten (Costa Rica, El Salvador, Guatemala, Honduras, Nicaragua) und der Staaten der sog. Contadora-Gruppe (Kolumbien, Mexiko, Panama, Venezuela).

09.10. Unterzeichnung eines Kooperationsabkommens zwischen der EG und der Arabischen Republik Jemen.

26.10.–27.10. Die Außen- und Verteidigungsminister der Westeuropäischen Union (WEU) einigen sich in Rom auf die Reaktivierung ihrer Organisation (sog. Römische Erklärung).

14.11. Das Europäische Parlament lehnt zum ersten Mal die Entlastung der Kommission im Hinblick auf das Budget 1982 ab.

18.11. Das Regionalparlament Grönlands erklärt die Insel zur atomwaffenfreien Zone.

03.12.–04.12. Tagung des Europäischen Rats in Dublin. Die Staats- und Regierungschefs billigen die Zwischenberichte des Ad-hoc-Ausschusses für institutionelle Fragen (Dooge-Bericht) und des Ad-hoc-Auschusses für ein „Europa der Bürger" (Adonnino-Bericht). Griechenland macht seine Zustimmung zur anstehenden Süderweiterung der Gemeinschaft durch Portugal und Spanien von der Haltung der Gemeinschaft in der Frage der Integrierten Mittelmeerprogramme abhängig.

03.12.–06.12. Die Tagung der WEU-Versammlung in Brüssel empfiehlt eine Reihe von institutionellen Reformen zur Wiederbelebung der WEU sowie eine engere Zusammenarbeit mit den europäischen NATO-Staaten, die nicht WEU-Mitglieder sind.

08.12. Unterzeichnung des dritten Lomé-Abkommens der EG mit 66 AKP-Staaten in Lomé, der Hauptstadt von Togo. → 01.05.1986

13.12. Das Europäische Parlament lehnt in Wahrnehmung seiner Haushaltskompetenzen den allgemeinen Haushaltsplan der EG für 1985 mit 321 zu 3 Stimmen bei 16 Enthaltungen ab.

13.12.–14.12. Ministertagung des Nordatlantikrats in Brüssel. Die Minister begrüßen das bevorstehende amerikanisch-sowjetische Außenministertreffen und fordern eine substantielle Reduzierung der Kernwaffen, konkrete vertrauensbildende Maßnahmen in Europa, ein nachprüfbares Abrüstungsabkommen und eine ausgewogene Weiterentwicklung des KSZE-Prozesses.

1985

Jahr der Musik
Athen, Kulturhauptstadt Europas

01.01. Ausstellung der ersten europäischen Reisepässe in Frankreich, Irland, Italien, Dänemark und Luxemburg. Die anderen Staaten der Gemeinschaft folgen im Laufe des Jahres.

07.01. Jacques Delors wird neuer Präsident der EG-Kommission.

Jacques Delors (geb. 1925):
Französischer Politiker. Wirtschafts- und Finanzminister 1981–1984, Budgetminister 1983–1984. Präsident der Wirtschafts- und Währungskommission der EG 1979–1981. Als EG-Kommissionspräsident von 1985 bis 1994 (2. Wiederwahl 1992) einer der bedeutendsten und erfolgreichsten Europapolitiker und Motor der europäischen Integration. Der nach ihm benannte sog. Delors-Bericht 1989, vom EU-Gipfel in Madrid im Juni 1989 beschlossen, sieht die Schaffung der WWU in drei Stufen vor. Das von ihm 1987 vorgelegte sog. Delors-I-Paket enthält Vorschläge zur Reform der EG-Finanzen und stellt eine wichtige Grundlage der Umsetzung des Binnenmarktprogramms dar. Das Delors-II-Paket aus dem Jahre 1992 enthält Empfehlungen zur mittelfristigen Finanzplanung der EU bis 1997.

30.01.–31.01. Der Ministerrat der Europäischen Weltraum-Organisation (ESA) beschließt auf seiner Tagung in Rom den Ausbau des europäischen Raketenprogramms „Ariane“ und die europäische Teilnahme am amerikanischen Raumfahrtsprogramm „Columbus“.

01.02. Grönland scheidet aus der Gemeinschaft aus und ist fortan als Überseegebiet mit besonderen Be-

	stimmungen im Bereich des Fischereiwesens mit der Gemeinschaft assoziiert.
–	Der deutsche Außenminister und amtierende Vorsitzende des Ministerkomitees des Europarats, Hans-Dietrich Genscher, fordert vor der Parlamentarischen Versammlung des Europarats in Straßburg eine engere Zusammenarbeit zwischen der EG und dem Europarat.
05.02.	Spanien öffnet die Grenze zu Gibraltar.
09.03.	Der Dooge-Bericht wird vorgelegt. Er fordert eine effizientere Gestaltung der EG-Institutionen und schlägt eine Regierungskonferenz über die Europäische Union vor.
11.03.	Michail Gorbatschow wird zum Parteichef der KPdSU gewählt.
12.03.	Der Präsident der EG-Kommission, Jacques Delors, stellt dem Europäischen Parlament das Binnenmarktprogramm zur wirtschaftlichen Belebung Europas vor, das mit 185 gegen 59 Stimmen bei 18 Enthaltungen gebilligt wird.
19.03.–20.03.	Erste Konferenz der Justiz- bzw. Außenminister der 21 Mitgliedstaaten des Europarats zum Thema Menschenrechte in Wien.
26.03.–27.03.	Der Rat der EG beschließt, mit Jahresbeginn 1986 keine Beihilfen für Stahlindustrien mehr zuzulassen.
29.03.–30.03.	Der Europäische Rat nimmt beim Gipfel in Brüssel den sog. Dooge-Bericht über institutionelle Fragen sowie den Adonnino-Bericht zum „Europa der Bürger“ an und einigt sich über die Integrierten Mittelmeerprogramme (IMP) zur Hilfe für die südlichen Regionen. Dem Beitritt Spaniens und Portugals steht damit nichts mehr im Wege.

10.04.–11.04. Konferenz der EG- und OECD-Mitgliedstaaten über „Neue Technologien und Arbeitsmarkt“ in Venedig

19.04. Das Europäische Parlament in Straßburg fordert in einer Entschließung mit 202 gegen 52 Stimmen bei 30 Enthaltungen die Einberufung einer Regierungskonferenz zur Europäischen Union.

22.04.–23.04. Die Forschungsminister der EG-Mitgliedstaaten beraten bei einem informellen Treffen in Rom das europäische Weltraumprojekt EUREKA als Alternative zur amerikanischen Initiative zur Strategischen Verteidigung (SDI).

22.04.–23.04. Der Ministerrat der WEU beschließt auf seiner Tagung in Bonn die Einrichtung einer Agentur für Sicherheitsfragen, die sich mit Rüstungskontrolle und Abrüstungsfragen sowie der Entwicklung der europäischen Zusammenarbeit im Rüstungsbereich befassen soll.

26.04. Die Partei- und Staatschefs der Warschauer-Pakt-Staaten unterzeichnen bei einem Gipfeltreffen in Warschau ein Protokoll über die Verlängerung des Bündnisvertrags.

30.04. Die Volksrepublik Angola unterzeichnet als 66. AKP-Staat das Lomé-III-Abkommen.

02.05.–04.05. Elfte Konferenz der Staats- und Regierungschefs der sieben bedeutendsten westlichen Industrieländer (sog. Weltwirtschaftsgipfel) unter Teilnahme des EG-Kommissionspräsidenten Jacques Delors in Bonn.

18.05. Der Kongreß der Europäischen Bewegung, an dem VertreterInnen aus 16 Ländern und 12 europäischen Verbänden teilnehmen, wählt den ehemaligen Präsidenten der EG-Kommission, Gaston Thorn, zum Präsidenten.

20.05. Papst Johannes Paul II. besucht die EG in Brüssel und trifft mit Kommissionspräsident Jacques Delors, dem amtierenden Ratspräsidenten Giulio Andreotti und dem Präsidenten des Europäischen Parlaments, Pierre Pflimlin, zusammen. In einer Ansprache ruft der Papst Europa in seiner Gesamtheit auf, jenseits der bestehenden institutionellen Grenzen die Zukunft frei aufzubauen.

21.05. Unterzeichnung eines fünfjährigen handelspolitischen und wirtschaftlichen Kooperationsabkommens zwischen der EG und der VR China in Brüssel.

06.06.–07.06. Gründung des „Aktionskomitees für Europa" in Bonn. Gründungspräsident ist der ehemalige deutsche Bundespräsident Karl Carstens. In einer Erklärung fordert das Aktionskomitee die europäischen Staaten auf, sich zu einer engeren Union zusammenzuschließen und ein geeintes Europa zu schaffen.

12.06. Unterzeichnung der EG-Beitrittsverträge Spaniens in Madrid und Portugals in Lissabon. → 01.01.1986

– Die vom Europarat eingesetzte Kommission unter der Leitung von Emilio Colombo legt in Straßburg einen Bericht vor, der als Perspektiven die Verbesserung der Zusammenarbeit zwischen EG und Europarat und den Beitritt der EG zur Europäischen Konvention über Menschenrechte zum Inhalt hat.

13.06. Der Rat der Kulturminister beschließt, jedes Jahr eine Stadt eines anderen Mitgliedstaats der Gemeinschaft zur „Kulturhauptstadt Europas" zu erheben, um die kulturelle Vielfalt und das kulturelle Erbe Europas zu verdeutlichen. Während dieses Jahres werden Ausstellungen, Konzerte und andere kulturelle Aktivitäten aus Gemeinschaftsmitteln gefördert.

14.06. Die Kommission unter Jacques Delors übermittelt ihr „Weißbuch über die Vollendung des Binnenmarkts" an den Rat der EG. Es enthält ein Programm von rund 300 Maßnahmen, um alle physischen, technischen und tarifären Hemmnisse bis Dezember 1992 zu beseitigen.

– Die Benelux-Staaten, Bundesrepublik Deutschland und Frankreich unterzeichnen in Schengen (Luxemburg) ein Übereinkommen, das den schrittweisen Abbau der Kontrollen an den gemeinsamen Grenzen bis 01.01.1990 und den freien Personenverkehr für alle Staatsangehörigen der Unterzeichnerstaaten, der sonstigen Mitgliedstaaten der Gemeinschaft oder dritter Länder vorsieht (sog. Schengener Abkommen).

14.06.–15.06. Gründungsversammlung des „Rats der Regionen Europas" (RRE) in Louvain-la Neuve (Belgien). Ziel des zwei Jahre später in „Versammlung der Regionen Europas" (VRE) umbenannten Rats ist die institutionelle Verankerung und Mitsprache bei den europäischen Institutionen.

20.06. Der sog. Adonnino-Bericht zur „Verankerung der EG im Bewußtsein ihrer Bürger" wird dem Europäischen Rat vorgelegt.

Pietro Adonnino (geb. 1927):
Italienischer Politiker. 1979–1984 Abgeordneter des Europäischen Parlaments.

28.06.–29.06. Der Europäische Rat billigt beim Gipfel in Mailand das Weißbuch der Kommission zur Vollendung des Binnenmarkts. Außerdem beschließt er mehrheitlich die Einberufung einer Regierungskonferenz zur Änderung der Römischen Verträge nach Art. 235 EWG-Vertrag.

17.07. Erste EUREKA-Konferenz in Paris zur Beschleunigung des technischen Fortschritts in Europa. An der Konferenz nehmen die Außen- und WissenschaftsministerInnen der EG-Mitgliedstaaten sowie aus Portugal, Spanien, Finnland, Norwegen, Österreich, Schweden und der Schweiz teil. Die vom französischen Staatspräsidenten François Mitterrand angeregte Initiative stellt eine Antwort auf die strategische Verteidigungsinitiative der USA dar, fördert im Gegensatz dazu aber europäische Forschung und Entwicklung ziviler Schlüsseltechnologien.

23.07. Beschluß des Rats der EG über die Integrierten Mittelmeerprogramme zur Entwicklung der südlichen Regionen der Gemeinschaft.

– Unterzeichnung eines Kooperationsabkommens zwischen der EG und Pakistan.

25.07. Der Rat erläßt eine Verordnung über die Einrichtung einer Europäischen wirtschaftlichen Interessenvereinigung (EWIV). Mit der EWIV wird eine supranationale Unternehmensform geschaffen, welche die grenzüberschreitende Zusammenarbeit vor allem von kleinen und mittleren Unternehmen und Freiberuflern fördern soll.

06.08. Die UdSSR verkündet ein vorläufiges einseitiges Moratorium für Atomtests. Es wird nach fortgesetzten amerikanischen Atomwaffenversuchen am 10.04.1986 wieder aufgehoben.

09.09. In Luxemburg tritt eine Außenministerkonferenz als Regierungskonferenz zusammen, um konkrete Schritte auf dem Weg zur Europäischen Union festzulegen.
Es werden der Einbau von Währungsfragen, des Umweltschutz-, Forschungs- und Technologiebereichs in den EWG-Vertrag, die Kodifizierung der Europäischen Politischen Zusammenarbeit (EPZ) und eine Stärkung des Europäischen Parlaments im Kooperationsverfahren der EG-Organe ins Auge gefaßt.

09.09.–13.09. Das Europäische Parlament billigt auf seiner Tagung in Straßburg mit 227 gegen 16 Stimmen bei 27 Enthaltungen die Beitritte Portugals und Spaniens zur EG.

02.10. Die GATT-Mitgliedstaaten vereinbaren zum Abschluß einer Sondertagung in Genf, eine neue GATT-Verhandlungsrunde anzuberaumen.

15.10. Beginn des ersten KSZE-Kulturforums in Belgrad.

04.11.–05.11. Der EFTA-Ministerrat in Genf billigt formell den Beitritt Finnlands als EFTA-Vollmitglied.

05.11.–06.11. Zweite EUREKA-Konferenz in Hannover. Die Außen- und ForschungsministerInnen aus 18 europäischen Staaten beschließen die Schwerpunkte der gemeinsamen Technologie-Forschungsvorhaben, zehn konkrete Projekte sowie die Einrichtung eines eigenen EUREKA-Sekretariats.

12.11. Unterzeichnung eines Kooperationsabkommens zwischen der EG und den Signatarstaaten des Generalvertrags über die zentralamerikanische Wirtschaftsintegration (Costa Rica, El Salvador, Guatemala, Honduras, Nicaragua) sowie Panama. → 01.03.1987

02.12.–03.12. Der Europäische Rat beschließt in Luxemburg die Reform der Gemeinschaftsorgane, eine Erweiterung der Kompetenzen der Gemeinschaft und die rechtliche Verankerung der EPZ in den Gemeinschaftsverträgen. Diese Vertragsänderungen werden in der „Einheitlichen Europäischen Akte“ (EEA) festgelegt.

16.12.–17.12. Abschließende Behandlung der EEA durch die Regierungskonferenz der EG-Außenminister.

Jahr der Verkehrssicherheit
Florenz, Kulturhauptstadt Europas

01.01. Die Süderweiterung der Gemeinschaft wird mit dem Beitritt Spaniens und Portugals fortgesetzt. Die EG umfaßt damit zwölf Mitgliedstaaten.

–. Gänzliche Aufhebung aller Rüstungskontrollen gegenüber der Bundesrepublik Deutschland durch die WEU.

15.01. Unterzeichnung des Kooperationsabkommens zwischen der EG, den USA und Japan auf dem Gebiet der Kernfusion in München.

27.01. Die von der Mailänder Tagung des Europäischen Rats vom 28.06.–29.06.1985 eingesetzte Regierungskommission legt die endgültige Fassung der „Einheitlichen Europäischen Akte" (EEA) vor.

17.02. In Brüssel unterzeichnen die Außenminister Belgiens, der Bundesrepublik Deutschland, Frankreichs, Irlands, Luxemburgs, der Niederlande, Portugals, Spaniens und Großbritanniens die „Einheitliche Europäische Akte" (EEA), den ersten Änderungsvertrag zum EWG-, EGKS- und EURATOM-Vertrag. → 01.07.1987

27.02. In Dänemark findet nach der Ablehnung der EEA durch das dänische Parlament ein Referendum statt, in der diese gebilligt wird.

28.02. Unterzeichnung der Einheitlichen Europäischen Akte (EEA) durch die restlichen drei Mitgliedstaaten Dänemark, Italien und Griechenland in Den Haag. → 01.07.1987

12.03. Die Bevölkerung Spaniens votiert in einem Referendum für den Verbleib des Landes in der NATO.

26.04. Eine Reaktorkatastrophe in Tschernobyl (Ukraine) verursacht schwere Strahlenverseuchung in der westlichen UdSSR und stark erhöhte radioaktive Belastung in weiten Teilen Europas.

01.05. Das Lomé-III-Abkommen der EG mit den AKP-Staaten tritt in Kraft.

04.05.–06.05. Westlicher Wirtschaftsgipfel in Tokio, an dem neben den 7 größten westlichen Industriestaaten auch EG-Kommissionspräsident Jacques Delors sowie der amtierende Ratspräsident der EG, Ruud Lubbers, teilnehmen. Zu den thematischen Schwerpunkten zählt auch der Reaktorunfall in Tschernobyl.

29.05. Die nach einem Beschluß der Außenminister der EG-Mitgliedstaaten vom April 1986 vom Europarat übernommene Flagge wird erstmals in einer feierlichen Zeremonie vor dem Sitz der Kommission in Brüssel als offizielle EG-Flagge gehißt

11.06. Europäisches Parlament, Rat und Kommission der EG unterzeichnen eine gemeinsame Erklärung gegen Rassismus und Fremdenfeindlichkeit.

26.06.–27.06. Tagung des Europäischen Rats in Den Haag. Neben Fragen des Binnenmarkts und der Langzeitarbeitslosigkeit stehen mögliche Sanktionen der Gemeinschaft gegen Südafrika im Mittelpunkt der Beratungen.

15.07. Unterzeichnung eines Rahmenabkommens über wissenschaftliche und technische Zusammenarbeit zwischen Österreich und der EG.

19.08. Die EG und die USA beenden ihren auf dem gegenseitigen Vorwurf des Protektionismus beruhenden Handelskonflikt.

15.09.–20.09. MinisterInnen aus 92 Staaten einigen sich in Punta del Este (Uruguay) auf eine neue Runde der GATT-Verhandlungen (sog. Uruguay-Runde).

16.09.	Die EG-Außenminister beschließen Wirtschaftssanktionen gegen Südafrika.
22.09.	Verabschiedung des Schlußdokuments der „Konferenz über vertrauens- und sicherheitsbildende Maßnahmen in Europa" (KVAE) in Stockholm. Vereinbart werden u.a. die Ankündigung militärischer Aktivitäten unter bestimmten Voraussetzungen und die Einladung von Manöverbeobachtern der Gegenseite.
04.11.	Beginn der 3. KSZE-Nachfolgekonferenz in Wien.
13.11.	Der Rat und die im Rat vereinigten Vertreter der Regierungen der Mitgliedstaaten nehmen eine Entschließung zur Einführung einer angemessenen einheitlichen Beschilderung an den Außen- und Binnengrenzen der Gemeinschaft an.
04.12.–05.12.	Der Europäische Rat scheitert beim Gipfel in London an der Uneinigkeit in Fragen der Finanz-, Agrar- und Strukturpolitik.
18.12.	Mit den Unruhen in Alma Ata (Kasachstan) beginnt die Reihe offener Nationalitätenkonflikte in der UdSSR.

Jahr der Umwelt
Amsterdam, Kulturhauptstadt Europas

01.01.	Das EPZ-Sekretariat in Brüssel nimmt seine Tätigkeit auf.
03.02.	Die österreichische Bundesregierung setzt eine „Arbeitsgruppe für Europäische Integration" ein, die einen Bericht zum Anpassungsbedarf der österreichischen Rechtsordnung im Hinblick auf die EG-Regelungen erarbeiten soll.
15.02.	Die EG-Kommission legt das „Delors-I-Paket", ein Aktionsprogramm zur Umsetzung der „Einheitlichen Europäischen Akte" (EEA) unter dem Titel: „Die Einheitliche Akte muß ein Erfolg werden – Eine neue Perspektive für Europa" vor. Das Delors I-Paket enthält auch Vorschläge zur Reform der Gemeinsamen Agrarpolitik und der Verdoppelung der Strukturfonds, um die Kohäsion der Gemeinschaft voranzutreiben.
01.03.	Das Kooperationsabkommen zwischen der EG und den zentralamerikanischen Staaten sowie Panama tritt in Kraft.
17.03.–18.03.	Das österreichische Außenministerium und die EG-Kommission vereinbaren regelmäßige Kontakte auf Ministerebene und die Akkreditierung einer EG-Botschaft in Wien. Außenminister Alois Mock erklärt das Interesse Österreichs an voller Teilnahme am Kern des Binnenmarkts.
09.04.	Bis auf Irland haben alle EG-Mitglieder die EEA ratifiziert. In Dublin entscheidet das oberste Gericht, daß diese in Teilen der irischen Verfassung widerspricht und ein Referendum notwendig ist.

10.04. Michail Gorbatschow spricht in Prag über „die neue Rolle Europas in der Welt von heute“ und stellt seine Idee vom „gemeinsamen Haus Europa“ vor.

Michail Gorbatschow (geb. 1931):
Sowjetischer Politiker und Staatsmann. Mitglied des ZK der KPdSU ab 1971, des Politbüros ab 1980. Leitete als Parteichef ab 1985 die politische und wirtschaftliche Umgestaltung der UdSSR ein. Staatsoberhaupt 1988–1991. Gorbatschows Reformen veränderten nachhaltig die weltpolitische Konstellation wie auch die Perspektiven der europäischen Integration. Er erhält 1990 den Friedensnobelpreis.

14.04. Die Türkei stellt den Antrag auf Beitritt zur EG.

26.05. Beim Referendum in Irland sprechen sich 69,9% der Wähler für eine Ratifizierung der „Einheitlichen Europäischen Akte“ (EEA) aus. Die Wahlbeteiligung liegt bei 43,8%.

08.06.–10.06. Beim westlichen Wirtschaftsgipfel in Venedig werden neben wirtschaftlichen Themen auch Fragen des Abbaus sowjetischer und amerikanischer Mittelstreckenraketen in Europa, Probleme der Rüstungskontrolle, die Ost-West-Beziehungen sowie die Auswirkungen des iranisch-irakischen Kriegs erörtert.

10.06. In Spanien werden die Abgeordneten des Europäischen Parlaments direkt gewählt.

15.06. Der Rat verabschiedet ERASMUS, ein Aktionsprogramm zur Förderung der Mobilität von Studenten.

29.06.–30.06. Der Gipfel des Europäischen Rats in Brüssel endet aufgrund britischer Vorbehalte gegen die neue Beitragsbemessung ohne gemeinsames Kommunique.

01.07. Die „Einheitliche Europäische Akte“ (EEA) tritt in Kraft. Die EG-Verträge werden damit um neue Aufgabenbereiche, insbesonders Forschung, Technologie und Umwelt erweitert und die Verwirklichung des Binnenmarkts bis Ende 1992 festgelegt. Die Rechte des Europäischen Parlaments in den Entscheidungsverfahren werden gestärkt, die Entscheidungsprozesse effizienter gestaltet und das Prinzip der Abstimmung mit qualifizierter Mehrheit im Rat in den dafür vorgesehenen Bereichen durchgesetzt. Durch die Verbindung der EPZ mit der Gemeinschaft erhält die EEA auch große integrationspolitische Bedeutung und stellt die erste umfassende Reform der Gemeinschaftsverträge seit der Gründung der EG dar.

– Portugal und Spanien treten dem Lomé-III-Abkommen bei.

07.07.–11.07. Bei Ihrem Gipfeltreffen in Washington unterzeichnen Michail Gorbatschow und Ronald Reagan das INF-Abkommen zur Vernichtung der atomaren Mittelstreckenraketen.

19.07. In Portugal werden die Abgeordneten des Europäischen Parlaments direkt gewählt.

20.07. Marokko stellt bei der dänischen Ratspräsidentschaft den Antrag auf Beitritt zur EG. → 01.10.1987

12.09. Die EG-Wirtschafts- und Finanzminister einigen sich bei einem informellen Treffen in Nyborg (Dänemark) auf Maßnahmen zur Verbesserung des Europäischen Währungssystems (EWS).

28.09. Der Rat verabschiedet das Rahmenprogramm für Forschung und technologische Entwicklung für die Jahre 1987–1991.

01.10. Die EG teilt Marokko mit, daß seinem Beitrittsgesuch juristische Gründe entgegenstehen, da Marokko nicht zum europäischen Raum gehört.

16.10. Bei einem Besuch des EG-Kommissionsmitglieds Willy de Clercq werden Vereinbarungen über die Errichtung einer EG-Vertretung in Österreich sowie über einen Beobachterstatus Österreichs bei der Europäischen Politischen Zusammenarbeit (EPZ) getroffen. Weiters bekundet Österreich sein Interesse an einer systematischen und weitgehenden Beteiligung am Aufbau des Einheitlichen Europäischen Wirtschaftsraums (EWR) durch die Anpassung österreichischer Rechtsvorschriften an die Rechtsnormen der EG.

27.10. Verabschiedung der „Plattform für europäische Sicherheitsfragen“ durch die Westeuropäische Union (WEU) in Den Haag. Das Dokument definiert die Kriterien für die Sicherheit in Europa und die damit zusammenhängenden Aufgaben der WEU-Mitgliedstaaten im Hinblick auf Verteidigung, Waffenkontrolle, Rüstung und Abrüstung sowie den Ost-West-Dialog.

10.11. Einrichtung einer offiziellen Delegation der EG-Kommission in Norwegen.

01.12. Die Regierungserklärung der neuen SPÖ-ÖVP-Koalitionsregierung in Österreich bezeichnet den Ausbau des Verhältnisses zu den EG als zentrales Anliegen der österreichischen Außenpolitik und schließt auch die Option eines Beitritts nicht aus.

04.12.–05.12. Der Europäische Rat erzielt auf seiner Tagung in Kopenhagen keine Einigung über das sog. Delors-I-Paket zur Umsetzung der Einheitlichen Europäischen Akte (EEA) und beschließt die Abhaltung eines außerordentlichen Gipfels zu diesem Thema. → 11.02.–13.02.1988

07.12. Der Rat erteilt der Kommission ein Mandat über die Aufnahme von Transitverhandlungen der Gemeinschaft mit Jugoslawien, Österreich und der Schweiz.

Europäisches Jean-Monnet-Jahr
Jahr des Kinos und des Fernsehens
Berlin, Kulturhauptstadt Europas

22.01. Unterzeichnung eines Abkommens zwischen der Bundesrepublik Deutschland und Frankreich über die Aufstellung einer deutsch-französischen Brigade.

08.02.–09.02. In Belgrad finden bilaterale Verhandlungen zu Verkehrsfragen zwischen der EG-Kommission und Jugoslawien statt.

11.02.–13.02. Der Europäische Rat verabschiedet beim Sondergipfel in Brüssel das sog. Delors-I-Paket („Delors I") über die Reform des Finanzierungssystems, der Gemeinsamen Agrarpolitik (GAP) und die Verdopplung der Strukturfonds. Das Einvernehmen der Staats- und Regierungsschefs macht nach knapp einjähriger Verhandlungsdauer den Weg für den Binnenmarkt 1992 frei.

29.03. Die Kommission legt den unter der Leitung des italienischen Ökonomen und Bankiers Paolo Cecchini erarbeiteten Bericht über die errechneten Kosten der Nichtverwirklichung des Binnenmarkts („The Cost of Non-Europe") vor. Der Cecchini-Bericht prognostiziert für den Binnenmarkt u.a. ein zusätzliches Wachstum von 4,5%, Preissenkungen von 6% und 1,8 Mio. zusätzliche Arbeitsplätze.

08.04. Eröffnung einer Botschaft der Kommission in Wien. Es ist dies die zweite ständige Vertretung der EG in einem EFTA-Staat.

27.04. Der Vorsitzende der EPZ, der deutsche Außenminister Hans-Dietrich Genscher, sagt Österreich regelmäßige Konsultationen auf Außenministerebene sowie auf der Ebene der Politischen Direktoren zu.

17.05. Der Sprecher des sowjetischen Außenministeriums, Gennadij Gerassimow, bezeichnet eine EG-Mitgliedschaft Österreichs für unvereinbar mit dem Staatsvertrag und Österreichs Status der immerwährenden Neutralität.

27.05. Der Rat und die im Rat vereinigten, für Kulturfragen zuständigen Minister verabschieden eine Entschließung zur Einsetzung eines Ausschusses für Kulturfragen sowie sog. Schlußfolgerungen über ein Mehrjahresprogramm für vorrangige Aktionen auf kulturellem Gebiet.

01.06. Gespräche über Transitfragen, insbesondere die Verkehrsbelastungen im Nord-Süd-Transitverkehr, zwischen Vertretern der Kommission und Österreichs in Wien.

15.06. Unterzeichnung eines Kooperationsabkommens zwischen der EG und den Mitgliedstaaten des Kooperationsrats der Golfstaaten.

16.06. Österreich übernimmt bei der 6. EUREKA-Ministerkonferenz in Kopenhagen für ein Jahr den Vorsitz.

24.06. Der Rat verabschiedet eine Richtlinie zur vollständigen Liberalisierung des Kapitalverkehrs bis 01.07.1990.

25.06. COMECON und EG unterzeichnen in Luxemburg ein Kooperationsabkommen (sog. Gemeinsame Erklärung). Im Laufe des Jahres nehmen die europäischen COMECON-Staaten bilaterale diplomatische Beziehungen zur EG auf.

27.06.–28.06. Der Europäische Rat beauftragt beim Gipfel in Hannover einen Ausschuß unter Vorsitz des

Kommissionspräsidenten Jacques Delors, konkrete Vorschläge zur Verwirklichung der Wirtschafts- und Währungsunion (WWU) auszuarbeiten. Im Delors-Ausschuß sind die Zentralbankpräsidenten der Mitgliedstaaten vertreten.

01.09. Die vom Ministerkomitee des Europarats 1985 beschlossene „Europäische Charta der kommunalen Selbstverwaltung" tritt in Kraft. Die Charta ist damit der erste multilaterale völkerrechtliche Vertrag zwischen europäischen Staaten, der das Prinzip der kommunalen Selbstverwaltung absichert.

15.09. Entschließung des Europäischen Parlaments zum Ausbau der politischen Beziehungen der EG zur UdSSR.

20.09. Die britische Premierministerin Margaret Thatcher kritisiert in einer vielbeachteten Rede am Europa-Kolleg in Brügge (Belgien) die Brüsseler Bürokratie sowie die Beschleunigung des Integrationsprozesses und bekundet in scharfer Form ihre Ablehnung einer Europäischen Union.

Margret Thatcher (geb. 1925):
Britische Politikerin. Premierministerin 1979–1990. Als Europapolitikerin scharfe Gegnerin des Maastrichter Vertrags, insbesondere der Wirtschafts- und Währungsunion und der Erweiterung der Gemeinschaftskompetenzen. Die Frage der zu hohen britischen Beitragszahlungen an die Gemeinschaft beschäftigte ab 1979 insgesamt 15 EU-Gipfel bis zur von Margaret Thatcher 1984 in Fontainebleau durchgesetzten, für Großbritannien günstigen Lösung. Ihr unnachgiebiger Widerstand gegen eine Teilnahme Großbritanniens am Wechselkurs-Mechanismus des EWS und kompromißlose Ablehnung der Währungsunion trugen zu ihrer innerparteilichen Isolierung, dem Verlust der Parteiführung bei den Konservativen und in der Folge des Regierungsamtes bei.

26.09. Unterzeichnung eines Handels- und Kooperationsabkommens der EG mit Ungarn.

06.10. Abschluß des EURAM-Kooperationsabkommens im Bereich neuer Werkstoffe und Fertigungsverfahren zwischen der EG und Österreich.

10.10. Der österreichische Bundeskanzler Franz Vranitzky legt anläßlich eines Besuchs in Moskau die österreichische Integrationspolitik dar.

12.10.–13.10. Aufnahme der Verhandlungen über ein Nachfolgeabkommen des Lomé-III-Abkommens der EG mit den AKP-Staaten.

17.10. Die EG ratifiziert das Wiener Übereinkommen über den Schutz der Ozonschicht.

24.10. Der Rat verabschiedet einen Beschluß über die Einrichtung eines Gerichtshofs Erster Instanz. Der Gerichtshof mit Sitz in Luxemburg gehört institutionell dem Europäischen Gerichtshof (EuGH) an und ist für Klagen im Wettbewerbs-, Schadenersatz- und BeamtInnendienstrecht zuständig. → 30.10.1989

14.11. Beitritt Spaniens und Portugals zur Westeuropäischen Union (WEU), der damit neun Mitgliedstaaten angehören.

18.11. Das Europäische Parlament nimmt eine Entschließung zur Regionalpolitik der Gemeinschaft und zur Rolle der Regionen an. In dieser sog. Gemeinschaftscharta der Regionalisierung wird im Hinblick auf ein bürgernahes Europa und seine kulturelle Vielfalt die Regionalisierung der Mitgliedstaaten befürwortet.

23.11. Der Wirtschafts- und Sozialausschuß der EG befürwortet die Öffnung des COMETT-Programms gegenüber den EFTA-Staaten.

07.12. Der Generalsekretär des ZK der KPdSU und Vorsitzende des Präsidiums des Obersten Sowjets der UdSSR, Michail Gorbatschow, kündigt in einer aufsehenerregenden Rede vor der UN-Vollversammlung den Abzug von 240.000 Mann der in Osteuropa stationierten sowjetischen Streitkräfte an.

01.12.–03.12. Der Europäische Rat berät auf Rhodos über die Aufstellung eines Zeitplans für die Vollendung des Binnenmarkts und über Differenzen in der Frage der Abschaffung der Grenzkontrollen. Es wird verkündet, daß das Binnenmarktprojekt in handelspolitischer Hinsicht keine „Festung Europa" darstelle, sondern auf den GATT-Prinzipien beruhe. Weiters wird die Bedeutung verstärkter Bemühungen in den Bereichen Umweltschutz bzw. audiovisuelle Medien in Europa unterstrichen.

06.12. Der Österreichische Gewerkschaftsbund und die Bundeswirtschaftskammer befürworten in Memoranden den Beitritt Österreichs zur EG.

19.12. Unterzeichnung des Abkommens über den Handel mit Industrieerzeugnissen zwischen der EG und der Tschechoslowakei.

– Der Rat verabschiedet die vier Durchführungsverordnungen zur Reform der Strukturfonds, womit insgesamt die Interventionen der Fonds besser aufeinander bzw. mit den Maßnahmen der Europäischen Investitionsbank (EIB) sowie anderen Finanzierungsinstrumenten abgestimmt werden sollen.

1989

Jahr der Vorbeugung gegen den Krebs
Paris, Kulturhauptstadt Europas

11.02. Das Zentralkomitee der Ungarischen Sozialistischen Arbeiterpartei beschließt die Einführung eines Mehrparteiensystems in Ungarn.

07.04. Offizielle Wiederzulassung der seit der Verhängung des Kriegsrechts Ende 1981 verbotenen „Solidarnosz"-Bewegung in Polen.

12.04. EG-Kommissionspräsident Jacques Delors legt seinen Bericht über eine „Wirtschafts- und Währungsunion in der Europäischen Gemeinschaft" vor. Das unter der Leitung von Delors von den Gouverneuren der nationalen Notenbanken erarbeitete Konzept sieht die Einführung der WWU in drei Stufen vor: Erstens die Liberalisierung des Kapitalverkehrs und verstärkte währungspolitische Zusammenarbeit; zweitens die Einrichtung eines Europäischen Währungsinstituts (EWI) zur Vorbereitung einer Europäischen Zentralbank; drittens die WWU mit festen Wechselkursen.

– Das Europäische Parlament verabschiedet eine Erklärung der Grundrechte und Grundfreiheiten, die einen Grund- und Menschenrechtskatalog für alle Angehörigen der Gemeinschaft enthält.

08.05.–12.05. Die Parlamentarische Versammlung des Europarats spricht sich für den Sondergästestatus ausgewählter östlicher Staaten, insbesondere Jugoslawiens, Polens und Ungarns aus.

30.05. Der NATO-Gipfel der Staats- und Regierungschefs beschließt ein Gesamtkonzept zur Abrüstung und Rüstungskontrolle in Europa.

15.06.–18.06. Dritte Direktwahl zum Europäischen Parlament mit einer durchschnittlichen Wahlbeteiligung von 58,5%.

18.06. In Italien sprechen sich bei einem Referendum 89,1% dafür aus, daß das Europäische Parlament einen Entwurf einer europäischen Verfassung mit einer europäischen Regierung ausarbeiten soll.

19.06. Spanien tritt dem Europäischen Währungssystem (EWS) bei.

26.06.–27.06. Der Europäische Rat beschließt in Madrid die Einsetzung einer Regierungskonferenz auf der Grundlage des Delors-Plans, der die Schaffung einer Wirtschafts- und Währungsunion in drei Stufen vorsieht, wobei der 01.07.1990 als Beginn der ersten Stufe fixiert wird. Weiters beschließen die Staats- und Regierungschefs (ohne Zustimmung Großbritanniens) die Fortsetzung der Ausarbeitung einer Europäischen Sozialcharta.

27.06. Österreichs Außenminister Alois Mock und sein ungarischer Amtskollege Gyula Horn durchtrennen in einem symbolischen Akt den Eisernen Vorhang.

27.06.–28.06. Die Konferenz der Verteidigungsminister der Unabhängigen Europäischen Programmgruppe (IEPG) der NATO einigt sich auf das gemeinsame Forschungs- und Entwicklungsprogramm „Euklid", mit dem die Konkurrenzfähigkeit der europäischen Verteidigung verbessert werden soll.

29.06. Der österreichische Nationalrat nimmt einen Entschließungsantrag an, mit dem die Bundesregierung aufgefordert wird, mit der EG in Verhandlungen über einen Beitritt Österreichs zu treten.

04.07. Beschluß der österreichischen Bundesregierung, Beitrittsanträge zu den Europäischen Gemeinschaften EGKS, EWG und EURATOM zu stellen.

06.07. Michail Gorbatschow erläutert vor dem Europarat in Straßburg sein Konzept eines „gemeinsamen Europäischen Hauses“. Die aufsehenerregende Rede Gorbatschows markiert die offizielle Abkehr von der sog. Breschnew-Doktrin der konzertierten bewaffneten Intervention zugunsten des Rechts auf einen eigenständigen Kurs der COMECON-Staaten (sog. Sinatra-Doktrin).

07.07. Erstmalige Teilnahme von Abgeordneten aus Polen, Ungarn, Jugoslawien und der UdSSR an den Debatten der Parlamentarischen Versammlung des Europarats.

14.07.–16.07. Die G-7-Staaten begrüßen auf ihrem Wirtschaftsgipfel in Paris die Reformen in der UdSSR und Osteuropa und beauftragen die EG-Kommission mit der Koordination des PHARE-Programms. Im Rahmen dieser Aktion werden neben Polen und Ungarn in der Folgezeit auch die Tschechoslowakei, Jugoslawien (im November 1991 ausgesetzt), Bulgarien, Rumänien und Albanien unterstützt.

17.07. Österreich stellt offiziell den Antrag auf Beitritt zur EG. Die Beitrittsgesuche Österreichs zu EGKS, EWG und EURATOM werden durch den französischen Ratspräsidenten Roland Dumas entgegengenommen.

27.07. Das Europäische Parlament fordert die Einberufung einer Regierungskonferenz zur Europäischen Währungsunion, bei der auch die Frage der institutionellen Reform erörtert werden soll.

28.07. Der Rat beauftragt die Kommission mit der Prüfung des österreichischen Beitrittsantrags.

– Verabschiedung des Aktionsprogramms zur Förderung der Fremdsprachenkenntnisse in der Gemeinschaft LINGUA durch den Rat.

24.08. Polen erhält mit der Bestellung von Tadeusz Mazowiecki zum Ministerpräsidenten den ersten nichtkommunistischen Regierungschef seit Ende des Zweiten Weltkriegs.

11.09. Nach dem Abbau der Grenzbefestigungen Ungarns zu Österreich Beginn einer Massenflucht von rund 57.000 DDR-BürgerInnen, die auf diesem Weg in die Bundesrepublik Deutschland gelangen.

19.09. Unterzeichnung eines Handels- und Kooperationsabkommens der EG mit Polen in Warschau.

30.09.–02.10. Gemeinsame Erklärung zur Einführung von EUREKA – Audiovision im Rahmen einer Tagung über audiovisuelle Medien in Paris.

03.10. Annahme der Richtlinie über das Fernsehen ohne Grenzen durch den Rat der EG, welche ein zentrales Element der EG-Medienpolitik darstellt. Im Zusammenhang mit der Verpflichtung zu ungehinderter Sendefreiheit für grenzüberschreitendes Fernsehen via Satellit und Kabel werden Mindestregelungen in den Bereichen Werbung, Sponsoring sowie Jugend- und Verbraucherschutz geschaffen, um möglichen Wettbewerbsverzerrungen entgegenzuwirken.

23.10. Umbenennung des Staatsnamens Ungarns in „Republik Ungarn".

26.10. Beschluß über EG-Sonderhilfen für Polen und Ungarn in Höhe von 300 Mio. ECU.

30.10. Dem EuGH wird ein Gericht Erster Instanz beigeordnet, das über Wettbewerbsrecht, Schadenersatzklagen und dienstrechtliche Angelegenheiten der EG-Bediensteten entscheidet.

09.11. Der Ministerrat der DDR beschließt die Öffnung der Grenzen zur Bundesrepublik Deutschland und West-Berlin („Fall der Mauer").

16.11. Ungarn beantragt die Aufnahme in den Europarat.

– Polen und Ungarn treten der Europäischen Konvention über kulturelle Zusammenarbeit des Europarats bei. Ungarn stellt den Antrag auf Mitgliedschaft im Europarat.

18.11. Sondergipfel des Europäischen Rats in Paris. Im Mittelpunkt der Beratungen steht die Lage in Osteuropa, insbesondere in Polen, Ungarn und der DDR. Es wird beschlossen, künftige Hilfen an die Respektierung der Menschenrechte zu knüpfen.

22.11. Staatspräsident François Mitterrand und Bundeskanzler Helmut Kohl fordern in Ansprachen vor dem Europäischen Parlament die EG-Mitgliedstaaten auf, im Hinblick auf die Umwälzungen in Mittel- und Osteuropa die Integration der EG so rasch wie möglich voranzutreiben und den Binnenmarkt zu verwirklichen.

23.11. Neuerliche Forderung des Europäischen Parlaments nach einer Regierungskonferenz sowie einer Konferenz der nationalen Parlamente, (sog. Assisen) zur Währungsunion.

28.11. Bundeskanzler Helmut Kohl verkündet sein 10-Punkte-Programm zur deutschen Einigung.

08.12.–09.12. Der Europäische Rat beschließt in Straßburg die Einberufung einer Regierungskonferenz bis spätestens Dezember 1990, welche die Vertragsänderungen für den Aufbau der Wirtschafts- und Währungsunion (WWU) vornehmen soll, sowie die Errichtung einer Europäischen Bank für Wiederaufbau und Entwicklung in Osteuropa (EBWE, sog. Osteuropabank). Weiters verabschieden elf EG-Mitgliedstaaten (ohne Großbritannien) die „Gemeinschaftscharta der sozialen Grundrechte der Arbeitnehmer“.

15.12. In der Hauptstadt von Togo Unterzeichnung des Lomé-IV-Abkommens zwischen der EG und 68

AKP-Staaten, für das eine Laufzeit von zehn Jahren vorgesehen wird. → 01.09.1991

18.12. Unterzeichnung eines Handels- und Kooperationsabkommens der EG mit der UdSSR in Brüssel.

19.12. Vertreter von EG und EFTA einigen sich auf die Aufnahme offizieller Verhandlungen über ein Abkommen zur engeren Zusammenarbeit beider Organisationen. Geplant ist die Schaffung eines gemeinsamen Europäischen Wirtschaftsraums (EWR).

21.12. Der Rat der EG erläßt zur Stärkung des wirtschaftlichen Wettbewerbs in Europa eine Verordnung über die Kontrolle von Unternehmenszusammenschlüssen.

22.12. Sturz des Ceaucescu-Regimes in Rumänien.

29.12. Wahl des Schriftstellers und Dissidenten Vaclav Havel zum Präsidenten der Tschechoslowakei.

Europäisches Jahr des Tourismus
Glasgow, Kulturhauptstadt Europas

01.01.	Offizielle Gründung der Europäischen Bank für Wiederaufbau und Entwicklung (EBWE).
05.01.	Auf Antrag Italiens wird im EWS eine Verringerung der Bandbreite für die Lira vorgenommen.
13.01.	Beginn der Unruhen in der sowjetischen Republik Aserbaidschan.
17.01.	Kommissionspräsident Jacques Delors schlägt vor dem Europäischen Parlament die Aufnahme von Verhandlungen über die Politische Union parallel zu denen über die Währungsunion vor.
30.01.	Polen beantragt seine Aufnahme in den Europarat.
05.02.	Der Rat legt ein Aktionsprogramm für die Entwicklung der Beziehungen zwischen der EG und den mittel- und osteuropäischen Ländern vor.
07.02.	Antrag Jugoslawiens auf Aufnahme in den Europarat.
08.02.	Die Kommission setzt ein ad-hoc-Komitee zur Frage der deutschen Wiedervereinigung und der Eingliederung Ostdeutschlands in die Gemeinschaft ein.
11.02.–12.02.	Die UdSSR erteilt beim Besuch von Bundeskanzler Kohl und Bundesaußenminister Genscher in Moskau ihr Einverständnis zur deutschen Wiedervereinigung.
21.02.	1000. Sitzung der EG-Kommission.

27.02. Die USA und die EG einigen sich auf regelmäßige Treffen der Präsidenten.

11.03. Das litauische Parlament erklärt die Wiederherstellung der Unabhängigkeit Litauens.

13.03. Unterzeichnung des Handels- und Kooperationsabkommens zwischen der EG und der DDR, das nicht mehr in Kraft tritt.

14.03. Das Europäische Parlament verabschiedet mit 213 gegen 19 Stimmen den Bericht eines Ausschusses unter der Leitung von David Martin, der Vorschläge zur Vertiefung der Gemeinschaft und Themen für die Verhandlungen über eine Politische Union enthält (sog. Martin-I-Bericht).

18.03. Erste freie Wahlen zur Volkskammer der DDR.

20.03. Ein belgisches Memorandum zur Politischen Union greift die wichtigsten Punkte des Martin-I-Berichts auf und schlägt vor, durch generelle Mehrheitsentscheidungen im Rat sowie durch die erweiterte Anwendung des sog. Kooperationsverfahrens in möglichst vielen Materien die Effizienz der Organe zu verbessern. Weiters wird vorgeschlagen, dem Parlament im Falle der Untätigkeit der Kommission das Recht zu Gesetzesinitiativen einzuräumen und das Subsidiaritätsprinzip einzuführen.

21.03. Das italienische Parlament unterstützt in einer Resolution den sog. Martin-I-Beschluß des Europäischen Parlaments.

23.03.–24.03. Sonderkonferenz der Außenminister des Europarats in Straßburg, an der auch Beobachter aus Bulgarien, DDR, Jugoslawien, Polen, Sowjetunion, Tschechoslowakei und Ungarn teilnehmen. Die Mitgliedstaaten bekunden ihren Willen, die mittel- und osteuropäischen Staaten in den Europarat aufzunehmen.

30.03. Estland erklärt seine Unabhängigkeit von der UdSSR.

02.04. Unterzeichnung eines Handels- und Kooperationsabkommens zwischen der EG und Argentinien in Luxemburg.

08.04. Erste freie Wahlen in Slowenien: Die Kommunistische Partei erreicht 20% der Stimmen.

12.04. Die Tschechoslowakei beantragt den Beitritt zum Europarat.

17.04. Beginn einer sowjetischen Wirtschaftsblockade gegen Litauen. Sie führt zu einer vorübergehenden Aussetzung der litauischen Unabhängigkeitserklärung.

18.04. In einer gemeinsamen Initiative fordern der französische Präsident François Mitterrand und der deutsche Bundeskanzler Helmut Kohl, neben der Regierungskonferenz zur Wirtschafts- und Währungsunion (WWU) auch die Vorarbeiten für eine Regierungskonferenz zur Politischen Union aufzunehmen. Als Ziele dieser Regierungskonferenz nennt die deutsch-französische Initiative neben der Stärkung der demokratischen Legitimation und Effizienz der Institutionen auch eine Gemeinsame Außen- und Sicherheitspolitik (GASP).

François Mitterrand (1916–1995):
Französischer Politiker und Staatsmann. Staatspräsident 1981–1995. Bildete zusammen mit dem deutschen Bundeskanzler Helmut Kohl eine starke politische und persönliche deutsch-französische Achse. Trat für ein französisches Referendum zum Maastricht-Vertrag ein, das am 20.09.1992 stattfand und mit 51% Befürwortungen nur denkbar knapp an einem jähen Ende der EU wie der politischen Karriere Mitterrands vorbeiführte.

Helmut Kohl (geb. 1930):
Deutscher Politiker und Staatsmann. Bundeskanzler seit 1982 mit maßgeblichem Anteil an der deutschen Wiedervereinigung im Oktober 1990. Mit seinem kompromißlosen Eintreten für die europäische Wirtschafts- und Währungsunion, die Stärkung der Europäischen Kommission und des Europäischen Parlaments sowie seiner engen politischen und persönlichen Zusammenarbeit mit Frankreichs Staatspräsident Mitterrand zählt Kohl seit rund zehn Jahren zu den wesentlichen Gestaltern des europäischen Integrationsprozesses.

19.04.–20.04. Der Europäische Gewerkschaftsbund (EGB) spricht sich für die Abhaltung einer Regierungskonferenz über die Europäische Währungsunion aus.

20.04. Umbenennung des Staatsnamens der Tschechoslowakei in „Tschechische und Slowakische Föderative Republik“ (CSFR).

22.04. Die EG-Außenminister billigen in Dublin einen Drei-Phasen-Plan der EG-Kommission zur Eingliederung der DDR in die Gemeinschaft.

28.04. Der Europäische Rat beschließt beim Sondergipfel in Dublin, die bisherigen Vertragsgrundlagen mit dem Ziel zu überprüfen, die EG in eine Politische Union umzugestalten. Dabei sollen insbesondere die demokratische Legitimation der Gemeinschaft gestärkt und ein einheitliches Vorgehen auf internationaler Ebene gewährleistet werden. Die Außenminister werden beauftragt, auf der Grundlage des belgischen Memorandums sowie der deutsch-französischen Initiative Reformvorschläge zu erarbeiten und die notwendigen Vorarbeiten zu einer Regierungskonferenz über eine Politische Union in Angriff zu nehmen. Großbritannien meldet gegen eine beschleunigte Herbeiführung der Politischen Union Vorbehalte an.

Weiters erklärt der Europäische Rat seine Unterstützung für den deutschen Einigungsprozeß und stellt fest, daß die Integration der DDR in die EG ohne Änderung der EG-Verträge erfolgen kann. Darüber hinaus wird eine gemeinsame Lösung für die Beziehungen mit den mittel- und osteuropäischen Ländern sowie den Fortgang des KSZE-Prozesses vorgelegt.

04.05. Spanien schlägt die Prüfung der Frage einer europäischen Bürgerschaft durch die Regierungskonferenz zur Politischen Union vor.

– Das Parlament in Lettland faßt einen Beschluß über die Unabhängigkeit des Landes.

05.05. Auf der ersten der sog. Zwei + Vier-Konferenzen der beiden deutschen Staaten und der vier Siegermächte des Zweiten Weltkriegs gibt die UdSSR den Weg zur Wiedervereinigung Deutschlands frei.

07.05. Unterzeichnung eines Handels- und Kooperationsabkommens zwischen der EG und der Tschechoslowakei.

– Die DDR und die Tschechoslowakei erhalten den Sondergästestatus in der Parlamentarischen Versammlung des Europarats.

– Verabschiedung einer Verordnung zur Errichtung einer Europäischen Umweltagentur und eines Europäischen Umweltüberwachungs- und Informationsnetzes durch den Rat.

07.05.–11.05. Die Tschechoslowakei und die DDR erhalten Gaststatus bei der Parlamentarischen Versammlung des Europarats.

09.05. Unterzeichnung eines neuen Handels- und Kooperationsabkommens zwischen der EG und Bulgarien in Brüssel.

– Unterzeichnung eines zehnjährigen Handels- und Kooperationsabkommens zwischen der EG und der DDR in Brüssel, das im Fall der deutschen Wiedervereinigung jedoch enden soll.

17.05. In Straßburg findet eine auf Initiative des Europäischen Parlaments einberufene sog. Interinstitutionelle Konferenz zur Politischen Union statt, an der neben 12 Parlamentariern die zwölf Außenminister sowie Kommissionspräsident Jacques Delors und drei weitere hochrangige Vertreter der Kommission teilnehmen. Erörtert werden eine Erweiterung der Befugnisse des Europäischen Parlaments, eine Definition der Subsidiarität und Möglichkeiten der stärkeren Einbindung der nationalen Parlamente in den gemeinschaftlichen Integrationsprozeß.

18.05. Unterzeichnung des Staatsvertrags zwischen der Bundesrepublik Deutschland und der DDR über die deutsche Wirtschafts-, Währungs- und Sozialunion.

19.05.–20.05. Treffen der Außenminister in Parknasilla, bei dem die Tagesordnung der Regierungskonferenz über die Politische Union erörtert wird.

29.05. Unterzeichnung des Abkommens zur Errichtung der Europäischen Bank für Wiederaufbau und Entwicklung (EBWE) in Paris. Sitz des Finanzinstituts, das von insgesamt 40 Staaten, der EG und der Europäischen Investitionsbank (EIB) zur Finanzierung des Wiederaufbaus in den sog. Reformstaaten gegründet wird, ist London.

29.05. Wahl Boris Jelzins zum Präsidenten des Russischen Parlaments.

05.06. Beginn der KSZE-Konferenz in Kopenhagen.

06.06. Die EG-Kommission schlägt Maßnahmen zur Verbesserung der Beziehungen zwischen der EG und der Türkei vor.

06.06.–07.06. Weitgehende Liberalisierung der sog. COCOM-Liste, die der multilateralen Kontrolle der Exporte dient.

19.06. Die Bundesrepublik Deutschland, Frankreich und die Benelux-Staaten unterzeichen in Schengen (Luxemburg) ein Zusatzabkommen zum Schengener Abkommen, in dem alle Maßnahmen zur völligen Abschaffung der Personenkontrollen und zur Einschränkung der Warenkontrollen zwischen den Signatarstaaten ab 1992 festgelegt sind.

– Der Rat erteilt der Kommission das Mandat für offizielle Verhandlungen zwischen EG und EFTA über die Schaffung eines Einheitlichen Europäischen Wirtschaftsraums (EWR).

21.06. Der deutsche Bundestag und die Volkskammer der DDR verabschieden gleichlautende Entschließungen über die Endgültigkeit der polnischen Westgrenze.

25.06.–26.06. Der Europäische Rat beschließt beim Gipfel in Dublin die Einberufung einer Regierungskonferenz zur Wirtschafts- und Währungsunion (WWU) für den 13.12.1990 und parallel dazu einer zweiten zur Politischen Union für den 14.12.1990. Der Zeitplan sieht die Ratifizierung der Ergebnisse der beiden Regierungskonferenzen bis Ende 1992 durch die nationalen Parlamente vor. Weiters wird die Kommission mit der Erstellung einer Studie über die wirtschaftliche Situation der UdSSR und mögliche Hilfsmaßnahmen beauftragt.

25.06. Die Mitgliedstaaten der Gemeinschaft einigen sich in Dublin auf ein Abkommen zur Asylpolitik, wonach künftig nur noch ein Mitgliedstaat für die Überprüfung eines Asylantrags zuständig ist. Weiters verpflichtet die Dubliner Konvention die Mitgliedstaaten, alle Asylanträge, die Angehörige von Drittländern an den Grenzen oder auf dem Gebiet der Gemeinschaft stellen, zu prüfen und personenbezogene Daten untereinander auszutauschen. Die einzelstaatlichen Rechtsvorschriften bleiben vom Übereinkommen jedoch unberührt.

01.07. Beginn der ersten Phase der europäischen Wirtschafts- und Währungsunion (WWU) mit einer vollständigen Liberalisierung des Kapitalverkehrs in acht EG-Staaten. Ausnahmeregelungen gelten bis Ende 1992 für Spanien, Portugal, Griechenland und Irland.

– Mit dem Inkrafttreten der deutschen Wirtschafts-, Währungs- und Sozialunion entsteht auch eine de facto-Zollunion zwischen der EG und der DDR. Die DM wird offizielles Zahlungsmittel der DDR.

– Abschluß von wirtschaftlichen Kooperationsabkommen zwischen der EG und einigen osteuropäischen Ländern, die den freien Verkehr von Kapital ermöglichen.

04.07. Die Republik Zypern stellt den Antrag auf Beitritt zur EG.

05.07.–06.07. Die NATO fordert auf ihrer Tagung in London von der UdSSR, die Zugehörigkeit des wiedervereinigten Deutschland zur Allianz anzuerkennen.

08.07. Die USA und Griechenland schließen ein neues Abkommen über die Nutzung militärischer Stützpunkte durch US-Verbände.

09.07.–11.07. Beim westlichen Wirtschaftsgipfel in Houston treten deutliche Auffassungsunterschiede zwischen Europa und den USA sowohl im Hinblick auf die GATT-Verhandlungen wie auf die Frage der Wirtschaftshilfe für die UdSSR zutage.

11.07. In einer Entschließung des Europäischen Parlaments zur Europäischen Union (sog. Martin-II-Bericht) wird mit 217 gegen 38 Stimmen die ausdrückliche Aufnahme des Subsidiaritätsprinzips in den Vertrag gefordert. Weiters beschließt das Parlament, einen Entwurf zu einer Verfassung der Europäischen Union auf der Grundlage des sog. Spinelli-Entwurfs vom 14.02.1984 auszuarbeiten (sog. Colombo-Bericht) und nimmt den Giscard d'Estaing-Bericht zur Subsidiarität und den Duverger-Bericht über die Beziehungen der Gemeinschaft zu den nationalen Parlamenten an.

15.07.–16.07. Beim deutsch-sowjetischen Gipfel in Schelesnowodsk (Kaukasus) gesteht Michail Gorbatschow dem wiedervereinigten Deutschland die volle Souveränität und den Verbleib in der NATO zu.

16.07. Die Republik Malta stellt den Antrag auf Beitritt zur EG.

16.07.–17.07. Auf einer Tagung des Rats in Brüssel werden die Beratungsthemen der Regierungskonferenzen sowie ein Zeitplan der Vorbereitungsarbeiten festgelegt.

17.07. Polen erklärt sich bei "Zwei + Vier"-Gesprächen mit den Garantien für seine Westgrenze einverstanden.

– Ungarn sucht mündlich um EG-Beitritt an.

21.07. Klausurtagung der EG-Kommission über institutionelle Reformen und die Integration der Außen- und Sicherheitspolitik in die EG.

01.08. Die jugoslawische Teilrepublik Bosnien-Herzegowina erklärt sich zu einem souveränen und demokratischen Staat.

– Der Vorsitzende der Oppositionspartei UDK, Schelju Schelew, wird vom Parlament in Sofia mit

284 von 389 abgegebenen Stimmen zum Staatspräsidenten gewählt.

02.08. Irakische Truppen marschieren in Kuwait ein.

04.08. Die EG-Außenminister verurteilen die irakische Invasion und beschließen ein Embargo.

08.08. Die ersten Maßnamen des Handelsembargos der EG gegen den Irak werden wirksam.

21.08. Die EG-Kommission verabschiedet ein Maßnahmenpaket zur Eingliederung der DDR in die EG. Weiters werden die Vorschläge der Kommission zur Europäischen Währungsunion veröffentlicht.

23.08. Die Volkskammer der DDR beschließt, am 03.10.1990 dem Geltungsbereich des Grundgesetzes beizutreten. Der Beschluß wird noch am gleichen Tag vom Deutschen Bundestag begrüßt.

– Die Sowjetrepublik Turkmenistan erklärt ihre Unabhängigkeit.

25.08. Tadschikistan erklärt seine Souveränität.

27.08. Die EG-Kommission legt Mittel und Ziele der Assoziierungsabkommen mit den mittel- und osteuropäischen Ländern fest.

31.08. Unterzeichnung des Einigungsvertrags zwischen der Bundesrepublik Deutschland und der DDR in Berlin. → 03.10.1990

12.09. Die Außenminister der vier Siegermächte des Zweiten Weltkriegs (UdSSR, USA, Großbritannien, Frankreich) sowie der Bundesrepublik Deutschland und der DDR unterzeichnen in Moskau den sog. Zwei + Vier-Vertrag als Grundlage der Einigung und Souveränität der Bundesrepublik Deutschland. Die Bundesrepublik Deutschland und die Sowjetunion schließen ein Abkommen über die Finanzierung und den Abzug sowjetischer Truppen aus dem Gebiet der DDR bis Ende 1994. → 15.03.1991

20.09. Die Volkskammer der DDR und der deutsche Bundestag verabschieden den Einigungsvertrag.

– Die Tschechoslowakei tritt dem Internationalen Währungsfonds IWF bei.

21.09. Finnland kündigt einseitig den Freundschafts- und Beistandsvertrag mit der UdSSR aus dem Jahre 1948, der Beschränkungen der Landesverteidigung enthält.

24.09. Der DDR-Verteidigungsminister und der Oberkommandierende des Warschauer Pakts unterzeichnen ein Protokoll, das die Herauslösung der DDR-Streitkräfte aus dem östlichen Militärbündnis regelt.

28.09. Die Republik Slowenien baut eine eigene Territorialverteidigung auf.

01.10. Die ca. 600.000 in Kroatien lebenden Serben rufen die Autonomie ihres Siedlungsgebietes aus.

03.10. Der Staatsvertrag zwischen der Bundesrepublik Deutschland und der DDR tritt in Kraft. Durch die Vereinigung der beiden deutschen Staaten sind die fünf neuen Bundesländer somit in die Gemeinschaft integriert.

04.10. Ein Memorandum Dänemarks fordert die Aufnahme der Sozial- und Umweltpolitik sowie der Subsidiarität in das Vertragswerk, lehnt jedoch die Schaffung gemeinsamer Streitkräfte im Rahmen der Gemeinsamen Außen- und Sicherheitspolitik (GASP) ab.

– Die Parlamentarische Versammlung des Europarats stimmt der Aufnahme Ungarns zu. → 06.11.1990

06.10. Großbritannien wird zehntes Mitglied des Europäischen Währungssystems (EWS).

06.10.–07.10. Auf einer informellen Tagung der Außenminister in Asolo wird der inhaltliche Rahmen der GASP festgelegt.

21.10. Die Kommission veröffentlicht ihren Standpunkt (sog. Avis) zur Politischen Union.

22.10. Abschluß eines Handels- und Kooperationsabkommens zwischen der EG und Rumänien.

22.10.–23.10. In einem Bericht des Rats an den Europäischen Rat wird vorgeschlagen, die bestehenden Kompetenzen der Gemeinschaft für Forschung, Umwelt und Sozialpolitik auszubauen sowie Kultur, Gesundheitswesen, Bildung, Energie, Telekommunikation und Entwicklungspolitik als wichtige neue Politikbereiche der Gemeinschaft einzuführen.

26.10. Kasachstan erklärt seine Unabhängigkeit.

27.10.–28.10. Der Sondergipfel des Europäischen Rats in Rom steht im Zeichen der Golfkrise, wobei die vorbehaltlose Verurteilung des Iraks erneut bestätigt wird. Die EG-Staats- und Regierungschefs bekräftigen ihren politischen Willen, die Gemeinschaft schrittweise in eine Europäische Union umzuwandeln und schlagen in diesem Zusammenhang verstärkte Befugnisse des Europäischen Parlaments bei der Gesetzgebung sowie die Einführung einer europäischen Staatsbürgerschaft vor. Die Einführung einer einheitlichen Währung und einer unabhängigen Europäischen Zentralbank werden gegen die Vorbehalte Großbritanniens als Ziel bezeichnet sowie der 01.01.1994 als Beginn der Phase 2 der Währungsunion festgelegt.

29.10. Frankreichs Staatspräsident François Mitterrand und der sowjetische Staatspräsident Michail Gorbatschow unterzeichnen einen Kooperationsvertrag, der Hilfen für die UdSSR beim Übergang zur Marktwirtschaft enthält.

06.11. Ungarn wird bei der Ministertagung des Europarats in Straßburg als 24. Mitglied des Europarats aufgenommen.

14.11. Unterzeichnung des deutsch-polnischen Grenzvertrags in Warschau.

15.11.–16.11. Die europäischen christdemokratischen Parteien verabschieden auf ihrem Kongress in Dublin Vorschläge für eine föderalistische europäische Verfassung.

15.11. Parlamentsbeschluß in Sofia zur Umbenennung der Volksrepublik Bulgarien in Republik Bulgarien.

19.11.–21.11. Die KSZE-Gipfelkonferenz in Paris beendet offiziell den Kalten Krieg. Die 34 KSZE-Staaten einigen sich auf eine „Charta für ein neues Europa". Durch die Institutionalisierung des KSZE-Prozesses soll eine neue europäische Friedensordnung geschaffen werden.

22.11. Rücktritt der britischen Premierministerin Margaret Thatcher von ihrem Amt und der Parteiführung der Konservativen. Nachfolger wird der seit 1989 als Schatzkanzler im Kabinett Margaret Thatchers amtierende John Major.

21.11. Das Europäische Parlament verabschiedet das von der Kommission erarbeitete Maßnahmenpaket zur Eingliederung der ehemaligen DDR in die Gemeinschaft. Weiters gibt es eine positive Stellungnahme zur Einberufung der Regierungskonferenzen über die Politische Union und die Wirtschafts- und Währungsunion ab (Martin-III-Bericht).

23.11. EG, USA und Kanada verpflichten sich in der sog. Transatlantischen Erklärung zu langfristiger Zusammenarbeit und regelmäßigen halbjährlichen Konsultationen zwischen dem EG-Ratspräsidenten, dem Kommissionspräsidenten und dem US-Präsidenten.

– Die europäischen Liberalen bekennen sich bei ihrer Tagung in Berlin zur Reform der Gemeinschaftsverträge.

27.11. Italien tritt dem Schengener Abkommen bei.

27.11.–30.11. Bei der Tagung der Konferenz der Parlamente der EG und des Europäischen Parlaments in Rom (sog. Assisen) verabschieden die Abgeordneten eine Erklärung, in der die Umwandlung der Gemeinschaft in eine Europäische Union auf föderalistischer Grundlage sowie eine Unionsverfassung, in der das Europäische Parlament am Gesetzgebungsprozeß beteiligt ist, gefordert werden. Das Schlußdokument enthält die meisten Forderungen der sog. Martin-Berichte des Europäischen Parlaments.

29.11. Ablöse der britischen Premierministerin Margret Thatcher durch John Major.

03.12.–07.12. Die EG und die USA können sich bei der Abschlußsitzung der Uruguay-Runde der GATT-Verhandlungen weder über die Reduktion der Agrarsubventionen, noch über die Liberalisierung der Dienstleistungen einigen, weshalb die Uruguay-Runde fortgesetzt werden muß.

04.12. Der Rat beschließt die von der Kommission erarbeiteten und vom Europäischen Parlament verabschiedeten Übergangsmaßnahmen zur Eingliederung der fünf neuen deutschen Bundesländer in die EG. Die Gesetze gelten ab dem 01.01.1991 und betreffen u.a. den Osthandel der ehemaligen DDR, Sicherheitsstandards bei Atomanlagen und spezielle strukturpolitische Maßnahmen. Weiters stimmt der Rat gemäß Art. 236 EWG-Vertrag der Einberufung der Regierungskonferenzen am 15.12.1990 zu.

06.12. Bundeskanzler Helmut Kohl und Präsident François Mitterrand schlagen dem Präsidenten des Ministerrats, Guilio Andreotti, in einer gemeinsamen Botschaft die Erweiterung der gemeinschaftlichen Kompetenzen in den Bereichen Umweltpolitik, Gesundheitswesen, Sozialpolitik und Energiepolitik, Forschung und Technologie sowie Verbraucherschutz vor. Fragen der Einwanderung, des Asyls und des Kampfes gegen die organisierte Kriminalität sollen nicht mehr wie bisher auf zwischenstaatlicher Ebene, sondern in einem Rat der Innen- und Justizminister behandelt werden.

– Die Versammlung der Regionen Europas (VRE) in Straßburg fordert die institutionelle Einbindung der Regionen in die politischen Entscheidungsprozesse der Gemeinschaft.

12.12. Das schwedische Parlament befürwortet mit 308 gegen 41 Stimmen die Mitgliedschaft Schwedens in der EG.

– Kirgisistan erklärt seine Unabhängigkeit.

14.12.–15.12. Der Europäische Rat setzt in Rom zwei parallel arbeitende Regierungskonferenzen zur Wirtschafts- und Währungsunion (WWU) und zur Politischen Union ein, deren Ergebnisse zusammen ratifiziert werden sollen. Erklärtes Ziel der Gemeinschaft ist, die geplanten Vertragsänderungen und die Weiterentwicklung der europäischen Integration gemeinsam mit der Vollendung des Binnenmarkts bis Ende 1992 abzuschließen.
Als Ziele der Regierungskonferenz über die Politische Union werden die Stärkung der politischen Dimension der Gemeinschaft, die Stärkung der

europäischen Identität durch eine Unionsbürgerschaft und eine institutionelle Reform zur Beseitigung des Demokratiedefizits innerhalb der Gemeinschaft genannt. Als allgemeine Ziele der Regierungskonferenz zur Wirtschafts- und Währungsunion werden die Vereinheitlichung der europäischen Wirtschafts- und Währungspolitik mit einer gemeinsamen europäischen Währung und die Übertragung der nationalen Geldpolitiken auf die Gemeinschaftsebene einschließlich der Errichtung einer Europäischen Zentralbank festgelegt.
Weiters beschließt der Europäische Rat auf der Grundlage der Delors-Studie ein Programm über technische, finanzielle und Lebensmittelhilfen für die UdSSR.

15.12. Erste Sitzung der Regierungskonferenz zur Politischen Union in Rom, die der Vorbereitung und Organisation dient.

20.12. Die Außenminister der EG und der 11 Staaten der sog. Rio-Gruppe (Argentinien, Brasilien, Bolivien, Chile, Kolumbien, Ecuador, Mexiko, Paraguay, Peru, Uruguay, Venezuela) unterzeichnen die Deklaration von Rom, die engere wirtschaftliche und politische Beziehungen zum Ziel hat. Weiters wird ein Abkommen über wirtschaftliche Zusammenarbeit mit Chile unterzeichnet.

23.12. Bei einem Referendum in Slowenien spricht sich die Bevölkerung mit 95% der Stimmen für die Unabhängigkeit des Landes aus.

1991

Dublin, Kulturhauptstadt Europas

01.01. Luxemburg übernimmt die Ratspräsidentschaft.

05.01. Der Rat für gegenseitige Wirtschaftshilfe (COMECON) gibt seine Auflösung bekannt.

11.01. Sowjetische Truppen gehen gegen litauische Regierungseinrichtungen vor. Ein Ultimatum Präsident Gorbatschows fordert Litauen auf, den präsidialen Dekreten Folge zu leisten.

13.01. Bei Zusammenstößen zwischen sowjetischen Armeeinheiten und Demonstranten werden in der litauischen Hauptstadt Vilnius 21 Menschen getötet.

17.01. Beginn des Golfkriegs.

24.01. Das Europäische Parlament weist in einer Entschließung auf die Notwendigkeit einer Gemeinsamen Außen- und Sicherheitspolitik (GASP) hin und fordert, zur Frage der Unionsbürgerschaft bzw. zu den Ergebnissen der Regierungskonferenzen vor deren Abschluß konsultiert zu werden. Allgemein wird die Notwendigkeit eines Verfahrens der Zustimmung für alle internationalen Übereinkünfte mit bedeutenden Auswirkungen betont.

30.01. Die Parlamentarische Versammlung des Europarats in Straßburg spricht sich einstimmig für die Aufnahme der Tschechoslowakei als 25. Europaratsmitglied aus.

01.02. Rumänien erhält als letztes ehemaliges Ostblockland den Sondergästestatus beim Europarat in Straßburg.

04.02.	Zweite Sitzung der Regierungskonferenz zur Politischen Union in Brüssel. Die Minister erzielen Übereinstimmung über ein schrittweises Vorgehen im Bereich der Gemeinsamen Außen – und Sicherheitspolitik (GASP), den bindenden Charakter gefaßter Beschlüsse sowie die Schaffung eines einheitlichen institutionellen Rahmens.
–	Ein gemeinsamer deutsch-französischer Vorschlag beinhaltet, alle Bereiche der auswärtigen Beziehungen zum Gegenstand der GASP zu machen. Die Westeuropäische Union (WEU) sollte als „Kanal" zur Zusammenarbeit zwischen der Politischen Union und der NATO dienen.
09.02.–10.02.	Die Bevölkerung Litauens spricht sich bei einem Referendum mit 90,5% der Stimmen für eine unabhängige und demokratische Republik aus.
15.02.	Gemeinsame Erklärung der Staatspräsidenten Polens, Ungarns und der Tschechoslowakei in Visegrád (Ungarn) über eine enge politische und wirtschaftliche Zusammenarbeit der drei Staaten. → 21.12.1992
21.02.	Beitritt der Tschechoslowakei zum Europarat.
25.02.	Formelle Auflösung des Warschauer Pakts.
27.02.	Die Kommission genehmigt im Grundsatz die Rahmenbedingungen für die Vergabe von Gemeinschaftsmitteln zur Eingliederung der fünf neuen deutschen Bundesländer in die Gemeinschaft.
03.03.	In Estland und Lettland werden Referenden abgehalten, bei denen die Befürworter der Unabhängigkeit jeweils die Mehrheit erreichen.
04.03.	Ratifizierung des „Zwei + Vier-Vertrags" und des deutsch-sowjetischen Vertrags über gute Nachbarschaft durch das sowjetische Parlament.

– Dritte Sitzung der Regierungskonferenz zur Politischen Union in Brüssel. Im Mittelpunkt der Diskussionen stehen Fragen der demokratischen Legitimität, die Einführung eines Mitentscheidungsverfahrens (Kodezisionsverfahrens) und die Mitwirkung des Europäischen Parlaments bei der Einsetzung der Kommission.

05.03. In Brüssel findet eine interinstitutionelle Konferenz von Rat, Parlament und Kommission über die Rechte und Gestaltungsmöglichkeiten des Europäischen Parlaments statt. Die Vertreter des Parlaments fordern mehr Transparenz bei der Arbeit des Rats und halten ihren Anspruch auf Ratifizierung der Vertragsänderungen aufrecht.

07.03. Die Kommission legt einen Entwurf zur GASP vor, der Einstimmigkeit bei sicherheitspolitischen Beschlüssen und gegenseitige Beistandspflicht der Mitgliedstaaten vorsieht. Generell fordert die Kommission ein demokratisches Gleichgewicht zwischen Rat und Parlament.

15.03. Der sog. Zwei + Vier-Vertrag tritt in Kraft.

17.03. Die sowjetische Bevölkerung entscheidet sich bei einem Referendum mit 76,4% der Stimmen für den Fortbestand der UdSSR als „erneuerte Föderation gleichberechtigter souveräner Republiken“. Die Beteiligung am Referendum, das in Georgien, Armenien und Moldawien boykottiert wird, beträgt 80%.

18.03. Sitzung der Regierungskonferenz zur Wirtschafts und Währungsunion (WWU) in Brüssel, bei der Einigung über ein System der externen Währungspolitik erzielt wird: Wichtige Entscheidungen sollen durch den Rat in Abstimmung mit der Europäischen Zentralbank getroffen werden, die Interventionen des Europäischen Systems der Zentralbanken auf den Devisenmärkten gemäß den Entscheidungen des Rats erfolgen.

19.03. Eröffnung der 7. Ministerkonferenz von Managua („San José VII") über den politischen Dialog und die wirtschaftliche Zusammenarbeit der EG mit den Staaten der sog. Rio-Gruppe.

29.03. Die Staaten des Schengener Abkommens und Polen einigen sich auf den visafreien Reiseverkehr. → 08.04.1991

31.03.–01.04. Die Bevölkerung Georgiens votiert bei einem Referendum mit 98,93% der Stimmen bei einer Beteiligung von 90,5% für die Unabhängigkeit des Landes.

01.04. Die zur Unterstützung der osteuropäischen Länder beim Übergang zur Marktwirtschaft gegründete Europäische Bank für Wiederaufbau und Entwicklung (EBWE) in London nimmt ihre Tätigkeit auf.

08.04. Der Europäische Rat erörtert im Rahmen einer informellen Tagung in Luxemburg den Golfkrieg und die aktuellen Probleme im Nahen Osten und beschließt eine humanitäre Soforthilfe zugunsten der irakischen Kurden.

– Der visafreie Reiseverkehr zwischen Polen und den Staaten des Schengener Abkommens tritt in Kraft.

09.04. Die UdSSR beginnt mit dem Truppenabzug aus Polen.

– Die Republik Georgien erklärt ihre Unabhängigkeit.

10.04. In einer gemeinsamen Erklärung fordern der deutsche Außenminister Hans-Dietrich Genscher und sein italienischer Kollege Gianni de Michelis die prinzipielle Gleichstellung des Europäischen Parlaments mit dem Rat. Das Parlament soll ein Initiativrecht erhalten, bei der Ernennung der

Kommission mitbestimmen und die wichtigsten internationalen Übereinkünfte ratifizieren können.

14.04. Spanien beschließt als letzter EG-Mitgliedstaat die Einführung der Visumpflicht für Algerier, Marokkaner und Tunesier.

15.04. Aufhebung der letzten der im Jahre 1986 verhängten EG-Wirtschaftssanktionen gegen Südafrika. → 16.09.1986

– Die luxemburgische Präsidentschaft veröffentlicht ein sog. non paper zur Politischen Union, das eine Auflistung mehrerer hundert Detailvorschläge seitens der nationalen Regierungen, des Europäischen Parlaments und der Kommission darstellt.

15.04.–16.04. Vierte Sitzung der Regierungskonferenz zur Politischen Union in Luxemburg, bei der Luxemburgs Außenminister Poos einen Vertragsentwurf vorlegt, der auf der Grundlage des sog. Drei-Säulen-Modells die schrittweise Entwicklung der Gemeinschaft hin zu einer Union beinhaltet.

17.04. Luxemburgs Außenminister Jacques F. Poos stellt den Entwurf zur Politischen Union dem Europäischen Parlament vor.

18.04. Das Europäische Parlament fordert in einer Entschließung die Umwandlung der Gemeinschaft in eine Europäische Union auf föderaler Grundlage sowie ein Recht des Parlaments auf Mitentscheidung.

26.04. Unterzeichnung eines Handelsabkommens zwischen der EG und Mexiko.

30.04. In Straßburg wird zwischen deutschen und französischen Fernsehanstalten die Gründung eines gemeinsamen europäischen Kultur-Kanals vereinbart.

07.05.–08.05. Die Versammlung der Regionen Europas (VRE) verabschiedet eine Resolution zu den Regierungskonferenzen, in der eine stärkere Mitsprache der Regionen bei europäischen Angelegenheiten gefordert wird.

13.05.–14.05. Fünfte Sitzung der Regierungskonferenz zur Politischen Union in Brüssel, bei der die Sozialpolitik, die Unionsbürgerschaft sowie der wirtschaftliche und soziale Zusammenhalt der künftigen Union auf der Tagesordnung stehen.

15.05. In Straßburg findet eine interinstitutionelle Konferenz zur Regierungskonferenz statt, bei der die künftige Struktur der Union diskutiert wird. Während Kommission und Parlament eine einheitliche Struktur fordern, schlägt die Ratspräsidentschaft ein Drei-Säulen-Modell der Union – Gemeinschaft, GASP, Justiz und Inneres – vor.

19.05. Bei einem Referendum in Kroatien spricht sich die Bevölkerung mit 94% der Stimmen für die Unabhängigkeit der Teilrepublik aus.

02.06.–03.06. Treffen der Außenminister der EG-Mitgliedstaaten zur Frage der Unionsstruktur in Dresden. Acht Minister sprechen sich gegen das Drei-Säulen-Modell aus und fordern die niederländische Ratspräsidentschaft auf, einen Vertragsentwurf mit einheitlicher Struktur auszuarbeiten.

04.06. Verabschiedung des Aktionsplans „Europa gegen AIDS“ durch den Rat der EG.

06.06.–07.06. Die Außenminister der NATO unterstreichen in Kopenhagen die vorrangige Rolle der Allianz für die neue europäische Sicherheitsarchitektur und einigen sich auf eine Strategie der Zusammenarbeit mit dem Osten.

11.06. Dritte interinstitutionelle Konferenz zur Regierungskonferenz in Straßburg. Die Vertreter des

Europäischen Parlaments kritisieren den Vertragsentwurf der Ratspräsidentschaft zur WWU, der das Parlament sowie die Frage des wirtschaftlichen und sozialen Zusammenhalts nicht berücksichtige.

12.06. Bildung der ersten Mehrparteienregierung in Albanien.

– Boris Jelzin wird erster freigewählter Präsident Rußlands.

12.06.–14.06. In Prag findet auf Initiative des französischen Staatspräsidenten François Mitterrand eine Tagung der Europäischen Föderation statt.

14.06. Das Europäische Parlament nimmt drei Entschließungen zur Regierungskonferenz über die Politische Union, zur Unionsbürgerschaft sowie zur Sicherheitspolitik an. Im Hinblick auf die Politische Union wird die doppelte Einsetzung der Kommission durch Parlament und Mitgliedstaaten für fünf Jahre sowie ein beratender Regionalausschuß gefordert. Die Unionsbürgerschaft soll dem Träger einen eigenständigen Status, verbunden mit den wichtigsten Bürgerrechten, verleihen, wobei ein darüber hinausgehendes kommunales Wahlrecht für EG-Bürger verlangt wird. Zur Kontrolle der Rüstungsproduktion und des Waffenhandels wird die Einrichtung einer unabhängigen Agentur und eines Rats der für Sicherheitsfragen zuständigen Minister vorgeschlagen.

16.06. Abzug der letzten sowjetischen Truppeneinheit aus Ungarn.

17.06.–18.06. Sechste Sitzung der Regierungskonferenz zur Politischen Union in Brüssel. Im Mittelpunkt steht die Prüfung des zweiten Vertragsentwurfs der luxemburgischen Präsidentschaft zur Politischen Union, der den föderativen Charakter der Union betont.

17.06. Unterzeichnung des Nachbarschaftsvertrags zwischen der Bundesrepublik Deutschland und Polen in Bonn.

18.06. Die Französische Nationalversammlung nimmt einen Bericht zu den Regierungskonferenzen an, der dem Luxemburger Vertragsentwurf in seinen Grundzügen folgt, jedoch eine stärkere föderalistische Ausrichtung empfiehlt.

21.06. Aufnahme offizieller Beziehungen zwischen der EG und Albanien.

24.06. Die Finanzminister erzielen einen Durchbruch bei der Harmonisierung der Verbrauchssteuer für Alkohol, Tabak und Mineralöl. Zur Harmonisierung der Mehrwertsteuer wird vereinbart, daß sie ab 1993 in keinem Mitgliedstaat 15% unterschreiten und ab 1997 im Ursprungsland und nicht mehr im Verbrauchsland erhoben werden soll.

25.06. Unabhängigkeitserklärungen durch die Parlamente in Kroatien und Slowenien. → 07.10.1991

– Spanien und Portugal treten dem Schengener Abkommen bei.

27.06. Das belgische Parlament kritisiert den Vertragsentwurf im Hinblick auf seine Struktur (Drei-Säulen-Modell) und die unzureichenden Kompetenzen des Europäischen Parlaments. Es wird ein Beschluß gefaßt, den Vertrag im Falle einer Ablehnung durch das Europäische Parlament nicht zu ratifizieren.

28.06. Die Mitglieder des COMECON beschließen die Auflösung des Wirtschaftsbündnisses.

– Einheiten der jugoslawischen Bundesarmee bringen die slowenischen Grenzstationen zu Österreich und Italien unter ihre Kontrolle und ziehen einen Belagerungsring um die slowenische Hauptstadt Ljubliana.

28.06.–29.06. Der Europäische Rat stimmt beim Gipfel in Luxemburg der deutschen Forderung nach einer Harmonisierung der Asylpolitik, der Einwanderungs- und Ausländerpolitik sowie der Einrichtung einer europäischen Fahndungsbehörde (Europol) zu. Der luxemburgische Vertragsentwurf wird als Grundlage für die weiteren Beratungen akzeptiert.

01.07. Schweden stellt den Antrag auf Beitritt zur EG.

– Die Staats- und Regierungschefs der Warschauer Pakt-Staaten beschließen in Prag die Auflösung ihres Bündnisses.

05.07. Der EG-Ministerrat beschließt ein Verbot von Waffenexporten nach Jugoslawien und das Einfrieren von Finanzhilfen.

08.07. Unter Vermittlung der EG beschließen Slowenien und das jugoslawische Staatspräsidium auf der Insel Brioni einen Friedensplan, der eine dreimonatige Waffenruhe vorsieht.

10.07. Boris Jelzin wird als russischer Präsident vereidigt.

– Das Europäische Parlament unterstreicht in einer Entschließung zur Tagung des Europäischen Rats vom 10.07.1991, daß es ohne Mitentscheidungsrecht im Gesetzgebungsprozeß, ohne Mitwirkung bei der Ernennung der Kommission, ohne Zustimmungsrecht bei Vertragsänderungen und ohne Erweiterung der Mehrheitsentscheidungen im Rat, dem Vertrag über die Europäische Union (EUV) nicht zustimmen wird.

12.07. Das Parlament in Sofia verabschiedet mit 309 von 400 Stimmen die erste nichtkommunistische Verfassung Bulgariens seit 1945.

15.07. Verabschiedung einer Verordnung über technische Hilfe an die UdSSR durch den Rat.

15.07.–17.07. Siebzehnter westlicher Wirtschaftsgipfel in London. Im Mittelpunkt der Beratungen steht die Hilfe für die UdSSR und das Reformprogramm Michail Gorbatschows.

18.07. Unterzeichnung einer gemeinsamen Erklärung der EG und Japans über die künftige Gestaltung der wirtschaftlichen Beziehungen.

22.07. Der Rat der EG beschließt Finanzhilfen für Israel und die palästinensische Bevölkerung in den besetzten Gebieten.

26.07. Die EG und Japan unterzeichnen ein Abkommen über die gegenseitige Öffnung der Automobilmärkte, das den europäischen Herstellern eine achtjährige Übergangs- und Anpassungsfrist einräumt.

31.07. Stellungnahme (sog. Avis) der EG-Kommission zum Beitrittsantrag Österreichs.

– US-Präsident George Bush und Michail Gorbatschow unterzeichnen in Moskau den START-Vertrag, der den Abbau von 7000 atomaren Sprengköpfen und weitere Reduzierungen auf den Stand von 1981 vorsieht.

19.08. Ein Notstandskomitee unter Führung des sowjetischen Vizepräsidenten Gennadij Janajew versucht, in der UdSSR die Macht zu übernehmen. Anlaß für die Aktion ist der für den nächsten Tag zur Unterzeichnung anstehende neue Unionsvertrag, der eine weitgehende Autonomie für die Republiken vorsieht. Präsident Gorbatschow wird an seinem Urlaubsort auf der Krim festgesetzt.

20.08. Demonstrationen in Moskau und Leningrad gegen die Putschisten. Westliche Staaten fordern unter der Androhung von Sanktionen die Wiedereinsetzung Gorbatschows in sein Amt.

21.08.	In Moskau bricht der Staatsstreich des sog. Notstandskomitees gegen Michail Gorbatschow zusammen.
–	Lettland erklärt seine Unabhängigkeit.
22.08.	Die EG anerkennt die Unabhängigkeit Estlands, Lettlands und Litauens.
–	Rückkehr Gorbatschows nach Moskau.
24.08.	Gorbatschow tritt als Generalsekretär der Partei zurück. Die KPdSU wird in fast allen Unionsrepubliken verboten oder löst sich auf.
–	Die Ukraine erklärt ihre Unabhängigkeit.
–	Anerkennung der Unabhängigkeit Lettlands und Estlands durch Rußland.
27.08.	Anerkennung der baltischen Republiken durch die Staaten der EG.
–	Weißrußland, Moldawien, Georgien und Aserbaidschan erklären ihre Unabhängigkeit.
01.09.	Liechtenstein tritt der EFTA bei.
–	Das Lomé-IV-Abkommen der EG mit den AKP-Staaten tritt in Kraft.
06.09.	Anerkennung der baltischen Staaten Estland, Lettland und Litauen durch die UdSSR.
07.09.	Eröffnung der EG-Friedenskonferenz zum Jugoslawienkonflikt in Den Haag.
09.09.	Die Bevölkerung Mazedoniens stimmt bei einem Referendum mit 74% der Stimmen für die Unabhängigkeit der Teilrepublik.
10.09.	Eröffnung der KSZE-Menschenrechtskonferenz in Moskau.

18.09. Unabhängigkeitserklärung der ehemals jugoslawischen Teilrepublik Mazedonien.

24.09. Die Niederlande legen ihren nach Übernahme der Ratspräsidentschaft ausgearbeiteten Vertragsentwurf „Auf dem Weg zur Europäischen Union" vor, der sich von den beiden luxemburgischen Entwürfen vor allem in zwei Punkten unterscheidet: Anstelle des Drei-Säulen-Modells wird ein Einheitskonzept für EG, Außenbeziehungen und innere Sicherheit vorgeschlagen und dem Parlament werden weitgehendere Mitwirkungsrechte, insbesondere durch ein erweitertes Mitentscheidungsverfahren, zugestanden. Zur Europäischen Währungsunion wird ein "Modell der zwei Geschwindigkeiten" vorgeschlagen.

25.09. Ende des COMECON.

30.09. Siebte Sitzung der Regierungskonferenz zur Politischen Union in Brüssel. Der Vertragsentwurf der Niederlande wird von den Außenministern der anderen Mitgliedstaaten mehrheitlich abgelehnt. Die Arbeiten der Regierungskonferenz werden nun auf der Grundlage des luxemburgischen Vertragsentwurfs fortgeführt. Offen sind weiterhin die Frage der Unionsstruktur, die Abstimmungsmodalitäten im Bereich der GASP, die Verfahren im Bereich der juristischen und inneren Zusammenarbeit sowie die Erweiterung der Rechte des Europäischen Parlaments.

01.10. Vierte interinstitutionelle Konferenz zur Regierungskonferenz in Brüssel. Kommissionspräsident Jacques Delors betont die Notwendigkeit des in Maastricht vorgesehenen Vertragsabschlusses, um eine mögliche Erweiterung und Vertiefung der Gemeinschaft in Einklang zu bringen.

04.10. Die britische und die italienische Regierung veröffentlichen eine gemeinsame „Erklärung zur europäischen Sicherheit und Verteidigung", die erstmals eine britische Zustimmung zu einer schrittweisen Entwicklung einer gemeinsamen Verteidigungspolitik enthält.

05.10.–06.10. In Haarzuilen (Niederlande) einigen sich die Außenminister bei einer informellen Sitzung über die GASP darauf, daß der Europäische Rat die Gegenstände gemeinsamer Aktionen von Fall zu Fall festlegen soll.

07.10. Die Unabhängigkeitserklärung Sloweniens vom 25.06.1991 wird in Kraft gesetzt.

10.10. Das Parlament wiederholt in einer weiteren Entschließung zur Regierungskonferenz über die Union seine Drohung, den Entwurf nicht zu billigen, sollten seine Forderungen in bezug auf die Unionsbürgerschaft, die Mitwirkungs am Gesetzgebungsprozeß, die Abstimmung im Rat mit qualifizierter Mehrheit und die Revision der Verträge nicht berücksichtigt werden.

11.10. Die Außenminister der Bundesrepublik Deutschland, Frankreichs und Spaniens betonen in einem gemeinsamen Kommuniqué die Einheit der Wirtschafts- und Währungsunion und der Politischen Union und treten für Abstimmungen mit qualifizierter Mehrheit im Bereich der GASP ein.

14.10. Eine deutsch-französische Initiative zur GASP schlägt die personelle und logistische Verflechtung der NATO und der WEU vor. Beide Staaten geben ihre Absicht bekannt, im Rahmen der schrittweisen Entwicklung der GASP ein gemeinsames Armeekorps zu gründen. Insgesamt bringt der Vorschlag ein Abrücken Frankreichs von seiner bisherigen militärischen Sonderstellung zum Ausdruck.

21.10. Der Rat erzielt die politische Einigung über den Abschluß des EWR-Vertrags zwischen EG und EFTA. Der gemeinsame Europäische Wirtschaftsraum mit 380 Mio. BürgerInnen soll zum 01.01.1993 verwirklicht werden. Weiters gibt der Rat seine Zustimmung zum Abschluß eines Fischereiabkommens mit der EFTA sowie zum Abschluß eines Transitabkommens mit Österreich und mit der Schweiz.

24.10. Das Europäische Parlament fordert in einer Entschließung seine vollständige Beteiligung an der Ausarbeitung und Durchführung der GASP.

25.10. Der sog. Baltische Rat (Estland, Lettland, Litauen) beschließt die Schaffung eines neuen Sicherheitssystems im Baltikum.

26.10. Abzug der letzten Truppen der jugoslawischen Bundesarmee aus Slowenien.

28.10. Achte Sitzung der Regierungskonferenz zur Politischen Union in Brüssel. Im Mittelpunkt der Beratungen stehen Fragen des wirtschaftlichen und sozialen Zusammenhalts der Union, wobei die Minister der wirtschaftlich schwächeren Mitgliedstaaten ihre Forderungen nach einem finanziellen Ausgleichsystem bekräftigen.

29.10. Der Rat verabschiedet das SAVE-Programm über Energieeffizienz.

30.10.–14.11. Eröffnung der Friedenskonferenz über den Nahen Osten in Madrid.

30.10.–31.10. Europäische Ministerkonferenz in Berlin über Maßnahmen zur Eindämmung illegaler Einreisen aus und über Mittel- und Osteuropa (sog. Schengen-Ost). Unter den 27 Teilnehmerstaaten sind neben den zwölf EG-Staaten auch Österreich, die Schweiz sowie die mittel- und osteuropäischen Länder einschließlich der UdSSR, Weißrußlands und der Ukraine vertreten. Unter anderem werden folgende Maßnahmen zur Unterbindung unerwünschter Migrationsbewegungen beschlossen: Schaffung rechtlicher Voraussetzungen für den Austausch personenbezogener Daten, Ausbau der Infrastruktur der Grenzsicherung, Intensivierung der Grenzüberwachung außerhalb der Grenzübergänge und die Verpflichtung zur Rückübernahme abgeschobener Personen.

31.10. Vertreter des Europäischen Gewerkschaftsbunds (EGB) und des Arbeitgeberverbands UNICE einigen sich auf einen gemeinsamen Vorschlag zur Aufnahme von Bestimmungen über die Rolle der Sozialpartner in den Vertrag.

19.11. Konstituierung der Republik Mazedonien mit der Einsetzung einer neuen Verfassung als eigener Staat.

04.11. Neunte Sitzung der Regierungskonferenz zur Politischen Union in Brüssel. Die Beratungen konzentrieren sich auf die Bereiche Justiz- und Strafsachen, innere Angelegenheiten und Sozialpolitik.

– Unterzeichnung eines Handelsabkommens zwischen der EG und Uruguay.

06.11. Beschluß der EG-Kommission über die Einrichtung eines Europäischen Amtes für humanitäre Hilfe. → 01.03.1992

07.11.–08.11. Die Staats- und Regierungschefs der NATO-Mitgliedstaaten stimmen beim Gipfel in Rom dem neuen strategischen Konzept der Allianz zu. → 06.06–07.06.1991

08.11. Die niederländische Ratspräsidentschaft legt einen neuen Vertragsentwurf zur Politischen Union vor, der sich wiederum am Drei-Säulen-Modell und am zweiten Luxemburger Entwurf orientiert.

– Spanien und Portugal treten dem Schengener Abkommen bei.

12.11.–13.11. Klausur der Außenminister in Noordwijk (Niederlande). Bei den Beratungen über den niederländischen Vertragsentwurf wird Einigkeit über die Einsetzung eines eigenen Regionalorgans und die Beteiligung des Europäischen Parlaments an der Wahl der Kommission erzielt. Meinungsverschiedenheiten bestehen weiterhin über die geplante GASP sowie im Bereich der Justiz- und Innenpolitik.

14.11. Am Schlußtag der Nahost-Friedenskonferenz in Madrid wird der EG die führende Rolle bei den beschlossenen multilateralen Verhandlungen eingeräumt.

21.11.–22.11. Das Europäische Parlament verlangt in einer Entschließung zur Unionsbürgerschaft deren vertragliche Verankerung und schlägt ergänzend die Aufnahme von Bestimmungen über die Grundrechte und -freiheiten, die Rechte von Volks- und Sprachgruppen sowie über den Status von Nichtunionsbürgern vor. In einer weiteren Entschließung wird die Ausweitung des qualifizierten Mehrheitsprinzips für wesentliche Bereiche der Sozialpolitik gefordert.

25.11. Aufgrund der Kriegsereignisse am Balkan einseitige Kündigung des Kooperationsabkommens der EG mit Jugoslawien.

– Sitzung der Regierungskonferenz zur Wirtschafts- und Währungsunion in Brüssel. Die Minister einigen sich darauf, die Integration der nationalen Zentralbanken durch entsprechende Übergangsregelungen im Europäischen Zentralbankrat zu bewerkstelligen.

26.11. Die EG tritt der Ernährungs- und Landwirtschaftsorganisation der Vereinten Nationen FAO bei und ist damit als erste Wirtschaftsorganisation Vollmitglied einer UN-Sonderorganisation.

27.11. Die EG-Kommission warnt in einer Erklärung anläßlich der beiden Regierungskonferenzen über die Politische Union und die Wirtschafts- und Währungsunion vor einer allgemeinen „opting out-Klausel", die das Fortschreiten der europäischen Integration gefährden könne. Zur Sicherung des wirtschaftlichen und sozialen Zusammenhalts wird die Schaffung einer auf Progression basierenden Einnahmequelle gefordert. Weiters wird die Einrichtung einer Europäischen Drogenbeobachtungsstelle vorgeschlagen.

02.12. Der Rat der EG verabschiedet Präferenzregelungen zugunsten von Bosnien-Herzegowina, Kroatien, Mazedonien und Slowenien sowie die Wiederaufnahme technischer Hilfen für diese Länder.

02.12.–03.12. Tagung der Innen- und Justizminister der Gemeinschaft in Den Haag zum Bericht der Ad-hoc-Gruppe „Einwanderung" über die Einwanderungs- und Asylpolitik. Die Minister erzielen Übereinstimmung über eine breite Vorgehensweise in der Asyl- und Einwanderungspolitik, welche auch die Ursachen von Auswanderung und deren Beseitigung einschließt.

03.12. Die Transitabkommen der EG mit Österreich und der Schweiz werden paraphiert.

03.12.–04.12. Die EG-Außenminister einigen sich bei einer Klausur in Brüssel, dem letzten Treffen vor dem Gipfel in Maastricht, auf das Drei-Säulen-Modell der Union sowie auf die Befugnisse des Parlaments. Die Entscheidungen über den wirtschaftlichen und sozialen Zusammenhalt werden vertagt. Keine Einigung wird im Bereich der GASP, insbesondere in der Frage der gemeinsamen Aktionen und der Abstimmung mit qualifizierter Mehrheit, erzielt. In der Frage der Anerkennung Mazedoniens durch die EG setzt Griechenland als Voraussetzung den Verzicht auf alle Gebietsansprüche durch.

08.12. In Minsk wird eine Vereinbarung zwischen Rußland, der Ukraine und Weißrußland über die Gründung einer Gemeinschaft Unabhängiger Staaten (GUS) geschlossen. Das Abkommen wird von Präsident Gorbatschow als verfassungswidrige Beendigung der Existenz der UdSSR zurückgewiesen.

09.12.–10.12. Der Europäische Rat stimmt beim Gipfel in Maastricht dem Entwurf des „Vertrags über die Europäische Union" (EUV) und dem Fahrplan zur Wirtschafts- und Währungsunion (WWU) zu. Zu den wesentlichen Neuerungen des Vertrags zählen die Einführung einer gemeinsamen Währung frühestens zum 01.01.1997 bzw. spätestens zum 01.01.1999, einer Gemeinsamen Außen- und Sicherheitspolitik (GASP), neuer Kompetenzen der Gemeinschaft und die Stärkung der demokratischen Legitimität der europäischen Institutionen.

16.12. Unterzeichnung der Assoziierungsverträge (sog. Europa-Abkommen) mit den Visegrád-Staaten Polen, Ungarn und der Tschechoslowakei durch die EG-Kommission. → 01.02.1994

– Der Rat der EG legt die Modalitäten für die Anerkennung der neuen europäischen Staaten fest.

17.12. Unterzeichnung der Europäischen Energie-Charta in Den Haag durch 38 Signatarstaaten, die zu einer langfristigen europäischen Zusammenarbeit im Energiebereich führen soll.

20.12. In Brüssel Beginn von Verhandlungen zwischen den Außenministern der NATO und des früheren Warschauer Pakts über eine Partnerschaft.

21.12. Offizielle Gründung der Gemeinschaft Unabhängiger Staaten (GUS) durch die Präsidenten von insgesamt 11 Republiken der UdSSR (Armenien, Aserbaidschan, Kasachstan, Kirgisistan, Moldawien, Rußland, Tadschikistan, Turkmenistan,

Ukraine, Usbekistan und Weißrußland) in Alma Ata.

23.12. Diplomatische Anerkennung der GUS durch die EG.

– Die Bundesrepublik Deutschland anerkennt Kroatien und Slowenien als unabhängige Staaten.

25.12. Michail Gorbatschow tritt von seinem Amt als Präsident der Sowjetunion zurück.

Europäisches Jahr der Sicherheit, Hygiene und Gesundheit am Arbeitsplatz
Madrid, Kulturhauptstadt Europas

01.01.	Portugal übernimmt gemäß dem Rotationsprinzip das erste Mal die Ratspräsidentschaft.
09.01.	Neuaufnahme der EG-Friedenskonferenz für Jugoslawien in Brüssel.
10.01.–11.01.	Die albanische Minderheit in Mazedonien votiert bei einem Referendum mit 94% der Stimmen für die politische und territoriale Autonomie ihres Siedlungsgebiets.
13.01.	Unterzeichnung eines Vertrags über freundschaftliche Beziehungen und gutnachbarliche Zusammenarbeit zwischen Polen und Litauen.
15.01.	Diplomatische Anerkennung Kroatiens und Sloweniens durch die EG.
21.01.	Lettland und die UdSSR vereinbaren den umgehenden Abzug der sowjetischen Truppen.
01.02.	Spanien liberalisiert vorzeitig den Kapitalverkehr mit den EG- und Drittstaaten.
02.02.	Gründung der KEI (Wirtschaftliche Zusammenarbeit am Schwarzen Meer) durch die Schwarzmeer-Anrainerstaaten Armenien, Aserbaidschan, Bulgarien, Georgien, Griechenland, Moldawien, Rumänien, Rußland, Türkei und Ukraine. Albanien sowie die Autonomen Republiken Gagausien und Ossetien arbeiten mit.
03.02.	Unterzeichnung eines Handelsabkommens zwischen der EG und Paraguay.

04.02.	Unterzeichnung eines Handels- und Kooperationsabkommens der EG mit Litauen.
05.02.	Abschluß eines Handels- und Kooperationsabkommens zwischen der EG und Lettland, das dem baltischen Staat den Zugang zum europäischen Markt öffnen soll.
07.02.	Die EG-Außen- und Finanzminister unterzeichnen den Vertrag über die Europäische Union in Maastricht (NL). Der EUV soll die Grundlage für die Vollendung der Wirtschafts- und Währungsunion (WWU) sowie die weitere politische Integration Europas, insbesondere durch eine Gemeinsame Außen- und Sicherheitspolitik (GASP) und die Zusammenarbeit in den Bereichen Justiz und Inneres bilden. → 01.11.1993
12.02.	Die EG-Kommission stellt das Delors-II-Paket, einen fünfjährigen Budgetplan, vor. Ziel der mittelfristigen Finanzplanung ist die Erhöhung des EU-Budgets zur Verwirklichung des EUV, Förderung der Wettbewerbsfähigkeit und der Kohäsion.
24.02.	Abschluß eines Handels- und Kooperationsabkommens zwischen der EG und Estland.
27.02.	Der Landtag des Saarlandes beschließt, die europäische Einigung und grenzüberschreitende Zusammenarbeit als Staatsziele in die Landesverfassung aufzunehmen.
01.03.	Unabhängigkeitserklärung Bosnien-Herzegowinas. → 07.04.1992
–	Einrichtung des Europäischen Amtes für humanitäre Hilfe der EG. Das Amt, das für alle Bereiche der Nahrungsmittel- und Soforthilfe sowie für Hilfen an osteuropäische und Entwicklungsländer zuständig ist, verfügt über Lagervorräte, um im Notfall sofort handeln zu können.

17.03. Das dänische Parlament stimmt – noch vor dem für den 02.06.1992 angesetzten Referendum – dem Vertrag über die Europäische Union mit 130 gegen 25 Stimmen zu.

18.03. Finnland stellt den offiziellen Antrag auf Beitritt zur EG.

04.04. Portugal tritt dem Europäischen Währungssystem (EWS) bei.

05.04. Die Albaner in Mazedonien proklamieren ihre „Autonome Albanische Republik Illyria".

07.04. Diplomatische Anerkennung Bosnien-Herzegowinas durch die EG. → 01.03.1992

08.04. Das Europäische Parlament stimmt dem EUV grundsätzlich zu, ruft jedoch die nationalen Parlamente zu weiteren Reformvorschlägen und Verbesserungen auf.

09.04. Das Parlament in Tirana (Albanien) wählt nach dem Rücktritt des sozialistischen Staatspräsidenten Ramiz Alia den Chef der bei den Wahlen am 22. und 29.03.1992 siegreich hervorgegangenen Demokratischen Partei, Salih Berisha, zum Staatspräsidenten.

27.04. Gründung der Bundesrepublik Jugoslawien mit dem Anspruch auf völkerrechtliche Nachfolge des alten Jugoslawien durch die Republiken Serbien und Montenegro.

02.05. Unterzeichnung des Abkommens zwischen der EG und den sieben EFTA-Ländern über die Schaffung des gemeinsamen Europäischen Wirtschaftsraums (EWR) durch die Außenminister in Porto. Auf den ursprünglich vorgesehenen EWR-Gerichtshof wird verzichtet. → 01.01.1994

– Unterzeichnung eines Abkommens zwischen den EFTA-Staaten zur Errichtung der EWR-Überwachungsbehörde ESA sowie eines entsprechenden EFTA-Gerichtshofs. → 01.01.1994

– Die EG-Außenminister erklären ihre Bereitschaft, Mazedonien unter einem Namen anzuerkennen, der von allen Betroffenen (d.h. auch von Griechenland) akzeptiert wird.

07.05. Bulgarien wird Mitglied des Europarats.

08.05. Die Umwandlung Belgiens in einen Bundesstaat aus den drei autonomen Regionen Flandern, Wallonien und Brüssel-Hauptstadt wird rechtskräftig.

11.05. Unterzeichnung der Handelsabkommen zwischen der EG und den baltischen Staaten Estland, Lettland und Litauen sowie mit Albanien und Slowenien.

21.05. Das britische Unterhaus stimmt dem EUV in zweiter Lesung mit 336 gegen 92 Stimmen zu.

– Die EG-Landwirtschaftsminister einigen sich auf eine weitere umfassende Reform der Gemeinsamen Agrarpolitik (GAP): Die bisherigen Preisstützungsmaßnahmen sollen abgebaut und durch Direktzuschüsse ersetzt werden.

22.05. Frankreichs Staatspräsident François Mitterrand und der deutsche Bundeskanzler Helmut Kohl beschließen in La Rochelle die Aufstellung eines deutsch-französischen Armeekorps in der Stärke von 40.000 bis 50.000 Mann.

25.05. Die Schweiz stellt den Antrag auf Beitritt zur EG.

02.06. In einem Referendum lehnt die Bevölkerung Dänemarks die Ratifizierung des Vertrags von Maastricht (EUV) bei einer Beteiligung von 82,9% mit 50,7% gegen 49,3% der Stimmen ab.

03.06. Frankreichs Staatspräsident François Mitterrand kündigt ein Referendum zum EUV an.

03.06.–14.06.	Die EG nimmt an der Umwelt – und Entwicklungskonferenz der Vereinten Nationen (UNCED) in Rio teil und unterzeichnet das Rahmenabkommen über weltweite Klimaveränderungen und das Übereinkommen über die Erhaltung der biologischen Vielfalt.
04.06.	Die EG-Außenminister beschließen bei einem Treffen am Rande einer NATO-Tagung in Oslo, den Ratifizierungsprozeß des Vertrags von Maastricht (EUV) auch ohne Dänemark fortzusetzen.
15.06.	Unterzeichnung eines Kooperationsabkommens zwischen der EG und Macao.
16.06.	Unterzeichnung eines Kooperationsabkommens zwischen der EG und der Mongolei.
18.06.	Bei einem Referendum in Irland stimmt die Bevölkerung mit 69% gegen 31% der Stimmen für die Ratifizierung des Vertrags von Maastricht.
19.06.	Die Minister der Westeuropäischen Union verabschieden in Petersberg die sog. Erklärung von Petersberg, in der die Bedeutung der WEU für die europäische Sicherheit und die Notwendigkeit ihrer Erweiterung durch die anderen Mitgliedstaaten der EG sowie der Atlantischen Allianz unterstrichen wird.
23.06.	Die französische Nationalversammlung und der Senat stimmen in einer gemeinsamen Sitzung einigen Verfassungsbestimmungen, die durch den EUV erforderlich sind, mit 592 gegen 73 Stimmen zu.
25.06.	Slowenien stellt den Antrag auf Beitritt zur EG.
–	Die Gipfelkonferenz der Schwarzmeer-Anrainerstaaten (KEI) in Istanbul paraphiert eine Erklärung zu einer „Eurasischen Wirtschaftsgemein-

schaft" nach dem Muster der sog. vier Grundfreiheiten des EWG-Vertrags.

26.06.–27.06. Gipfel des Europäischen Rats in Lissabon, der sich auf den 01.01.1993 als Termin für das Inkrafttreten des Vertrags über die Europäische Union (EUV) festlegt. Jacques Delors wird in seiner Funktion als Kommissionspräsident bestätigt, über das Delors-II-Paket wird jedoch keine Einigung erzielt.

27.06. Bei einem Referendum votiert die Bevölkerung Estlands mit 93% der Stimmen für die neue Verfassung.

29.06. Unterzeichnung eines Handelsabkommens zwischen der EG und Brasilien.

30.06. Der Rat verabschiedet die Verordnungen über die Reform der GAP.

01.07. Großbritannien übernimmt nach dem Rotationsprinzip die Ratspräsidentschaft.

02.07. Ratifizierung des Vertrags über die Europäische Union durch das luxemburgische Parlament mit 51 gegen 6 Stimmen.

08.07. Die KSZE kündigt die Mitgliedschaft Jugoslawiens vorerst bis zum 14.10.1992.

10.07. NATO und WEU beschließen die Entsendung von Kriegsschiffen zur Überwachung der UNO-Sanktionen gegen Jugoslawien vom 30.05.1992.

16.07. Das belgische Parlament stimmt dem EUV mit 146 gegen 33 Stimmen zu.

31.07. Ratifizierung des Vertrags über die Europäische Union durch das griechische Parlament mit 386 gegen 8 Stimmen.

25.08. Eröffnung einer internationalen Konferenz über das ehemalige Jugoslawien in London.

17.09. Der italienische Senat stimmt dem EUV mit 176 gegen 16 Stimmen zu.

– Krise des Europäischen Währungssystems. Nachdem das Pfund unter schweren Druck geraten ist, steigt die britische Regierung, gefolgt von Italien, einseitig aus dem Wechselkursmechanismus aus.

20.09. Bei einem Referendum votiert Frankreich bei einer Beteiligung von 70% mit der knappen Mehrheit von 51,05% gegen 48,95% für die Ratifizierung des EUV.

22.09. Ratifizierung des EWR-Vertrags durch Österreich.

05.10.–16.10. Der Europäische Rat erörtert bei seiner außerordentlichen Tagung in Birmingham die Krise des EWS und die weitere Vorgangsweise hinsichtlich des Maastrichter Vertrags (EUV). Er beschließt, die Gemeinschaft transparenter zu gestalten (Erklärung über „Eine bürgernahe Gemeinschaft") und die Kompetenzen der unteren Verwaltungsebenen wie Länder, Regionen und Gemeinden gegenüber den zentralen Institutionen zu stärken (sog. Subsidiarität).

12.10. Der Rat verabschiedet den Zollkodex der Gemeinschaften.

16.10. Norwegen ratifiziert den EWR-Vertrag.

19.10. Verabschiedung von insgesamt acht Richtlinien und einer Entscheidung über die Angleichung der Mehrwertsteuer- und Verbrauchssteuersätze durch den Rat.

21.10. Der Landtag des Fürstentums Liechtenstein befürwortet mit 19 gegen 5 Stimmen den EWR-Beitritt des Landes.

22.10. Sieben Parteien des dänischen Parlaments einigen sich auf einen „nationalen Kompromiß“ in der Interpretation des Unionsvertrags.

27.10. Finnland ratifiziert den EWR-Vertrag.

28.10. Treffen der Staats- und Regierungschefs der EG und der Staaten der Visegrád-Gruppe. Der Zusammenschluß Polens, der Slowakischen Republik, der Tschechischen Republik und Ungarns ist nach der ungarischen Stadt Visegrád benannt, in der 1991 das erste Gipfeltreffen der genannten vier Staaten stattfand.

29.10. Das italienische Parlament stimmt dem Vertrag über die Europäische Union (EUV) mit 403 gegen 46 Stimmen zu.

– Der spanische Kongreß stimmt dem Vertrag über die Europäische Union mit 314 gegen 3 Stimmen zu.

01.11. Die bosnischen Serben beschließen die Vereinigung ihrer „Serbischen Republik“ mit der „Serbischen Republik Krajina“ in Kroatien.

04.11. Ratifizierung des Vertrags über die Europäische Union (EUV) durch den belgischen Senat mit 115 gegen 26 Stimmen bei einer Enthaltung.

05.11. Die EG und Slowenien paraphieren ein Handels- und Kooperationsabkommen. Es ist das erste Abkommen der Gemeinschaft mit einem Nachfolgestaat des früheren Jugoslawien.

06.11. Griechenland tritt dem Schengener Abkommen als 9. Mitglied bei.

17.11. Das portugiesische Parlament stimmt dem Vertrag über die Europäische Union (EUV) mit 200 gegen 21 Stimmen zu.

18.11. Schweden ratifiziert den EWR-Vertrag.

– Einstimmiger Beschluß des NATO-Rats, die vom UN-Sicherheitsrat gegen Rest-Jugoslawien beschlossene Seeblockade in der Adria gemeinsam mit der WEU durchzuführen.

20.11. Tagung der WEU in Rom. Die Minister billigen in ihrer „Erklärung von Rom" den Beitritt Griechenlands als Mitglied, den Beobachterstatus von Dänemark und Irland sowie den Status eines Assoziierten Mitglieds für Island, Norwegen und die Türkei. Ferner wird beschlossen, den Sitz des WEU-Rats und des Generalsekretariats im Jänner 1993 nach Brüssel zu verlegen.

– Unterzeichnung des nach dem Gästehaus in Washington benannten „Blair House-Abkommens" zwischen der EG-Kommission und den USA. Das Abkommen bezieht sich auf eine Reduzierung der Subventionen für amerikanische wie europäische landwirtschaftliche Exporte und löst eine schwerwiegende Blockade bei den GATT-Verhandlungen.

25.11. Norwegen stellt den offiziellen Antrag auf Beitritt zur EG.

– Der spanische Senat ratifiziert mit 220 Stimmen ohne Gegenstimme den Vertrag über die Europäische Union (EUV).

26.11. Unterzeichnung der Ratifizierungsurkunde zum Vertrag über die Europäische Union (EUV) durch den belgischen König Baudouin.

30.11. Die Innen- und Justizminister der EG und der Schweiz diskutieren im Rahmen der TREVI-Gruppe die Harmonisierung der Asylpolitik in Europa. Angestrebt wird eine verbindliche Konvention.

02.12. Der deutsche Bundestag stimmt dem EUV mit 543 gegen 17 Stimmen zu.

06.12. Die Bevölkerung der Schweiz lehnt in einem Referendum die Ratifizierung des Abkommens über den Europäischen Wirtschaftsraum (EWR) mit 50,3% zu 49,7% der Stimmen ab.

10.12. Portugal ratifiziert den Vertrag über die Europäische Union (EUV).

11.12.–12.12. Der Europäische Rat räumt beim Gipfeltreffen in Edinburg Dänemark einen Sonderstatus ein: Nichtteilnahme an wesentlichen Elementen der WWU, insbesondere einer einheitlichen Währung, sowie an verteidigungspolitischen Konzeptionen der Gemeinsamen Außen- und Sicherheitspolitik (GASP) sowie Ausnahme von der EU-Staatsbürgerschaft. Dadurch erhalten die Dänen die Möglichkeit, ein zweites Mal über die Vereinbarungen von Maastricht abzustimmen. Weiters werden das sog. Delors-II-Paket zur Finanzierung der EG bis 1999 und eine Wachstumsinitiative verabschiedet sowie der Beginn der Verhandlungen über den Beitritt Finnlands, Österreichs und Schwedens für den 01.01.1993 festgesetzt. Die Mitgliedstaaten entscheiden auch über die Sitze der gemeinschaftlichen Institutionen, die Vergrößerung des Europäischen Parlaments ab 1994 auf 567 Sitze sowie die Anzahl der jeweiligen Abgeordneten im Europaparlament.

13.12. In Liechtenstein votieren bei einem Referendum 55,8% der Stimmbürger für den EWR-Beitritt des Fürstentums, das mit der Schweiz eine Zollunion bildet.

16.12. Ratifizierung des Vertrags über die Europäische Union (EUV) durch die Niederlande.

17.12. Der Nordatlantikrat, das höchste Gremium der NATO, erklärt seine Bereitschaft, bei Ermächtigung durch den UN-Sicherheitsrat auch außerhalb des NATO-Gebiets friedenserhaltende Operationen unter der Autorität der UNO zu unterstützen.

18.12. Der deutsche Bundesrat stimmt dem Vertrag über die Europäische Union (EUV) ohne Gegenstimme zu, wodurch die Ratifizierung durch die Bundesrepublik Deutschland abgeschlossen ist.

20.12. Unterzeichnung eines Handelsabkommens zwischen der EG und Chile.

– Der Rat erläßt eine Verordnung zur Einführung einer gemeinschaftlichen Regelung für die Fischerei und Aquakultur.

21.12. Gründung des Mitteleuropäischen Freihandelsabkommens CEFTA durch Polen, Ungarn und die Tschechoslowakei (sog. Visegrád-Gruppe) in Krakau (Polen). → 15.02.1991

22.12. Unterzeichnung eines Europa-Abkommens zwischen der EG und Bulgarien in Brüssel. → 01.02.1994

31.12. Durch die Trennung der Tschechoslowakei zum 01.01.1993 endet die Mitgliedschaft beim Europarat.

1993

Europäisches Jahr der älteren Menschen und der Solidargemeinschaft der Generationen
Antwerpen, Kulturhauptstadt Europas

01.01.	Dänemark übernimmt nach dem Rotationsprinzip die Ratspräsidentschaft.
–	Verwirklichung des EG-Binnenmarkts: Freier Verkehr der Waren, der Personen, des Kapitals und der Dienstleistungen.
–	Trennung der Tschechoslowakei in die Tschechische Republik und die Slowakische Republik.
–	Die Visegrád-Gruppe (CEFTA) umfaßt nach der Teilung der Tschechoslowakei nunmehr vier Mitgliedstaaten mit insgesamt 65 Mio. Einwohnern.
–	Freihandelsvertrag zwischen der EFTA und Israel über industrielle und gewerbliche Güter.
–	Die bilateralen Abkommen der EG mit Österreich und der Schweiz über den Gütertransitverkehr treten in Kraft.
12.01.	Alle EFTA-Staaten mit Ausnahme der Schweiz haben den EWR-Vertrag ratifiziert.
01.02.	Offizielle Eröffnung der Beitrittsverhandlungen zwischen der EG und Österreich, Finnland und Schweden.
–	Unterzeichnung des Europa-Abkommens sowie des Interimsabkommens über Handel und Handelsfragen und die flankierenden Maßnehmen zwischen der EG und Rumänien.
–	Beschluß des Rats über die Erhöhung der Zahl der Abgeordeten des Europäischen Parlaments von 518 auf 567.

08.02. Verabschiedung der Verordnung zur Einrichtung einer Europäischen Drogenbeobachtungsstelle durch den Rat.

22.02. Unterzeichnung eines Handelsabkommens zwischen der EG und den mittelamerikanischen Staaten.

01.03. Die erste Stufe der Mitteleuropäischen Freihandelszone CEFTA, die vier Mitgliedstaaten – Polen, Ungarn, Slowakei, Tschechien – und rund 65 Mio. Einwohner umfaßt, tritt provisorisch in Kraft. Das Abkommen sieht die zoll- und abgabenfreie Ein- und Ausfuhr von rund 30% aller Exportgüter vor.

– Zehnjähriger asymmetrischer Freihandelsvertrag der EFTA mit Polen, der zu offenen Märkten für industrielle und gewerbliche Produkte führen soll.

08.03. Unterzeichnung eines Assoziierungsabkommens (sog. Europa-Abkommen) sowie eines Interimsabkommens über Handel und Handelsfragen der EG mit Bulgarien.

17.03. Nach dem Ausscheiden der Schweiz ermöglichen die EG und die EFTA-Staaten durch ein Zusatzprotokoll das Inkrafttreten des EWR-Vertrags.

29.03. Unterzeichnung eines Freihandelsabkommens zwischen den 7 EFTA-Staaten und Bulgarien. → 01.07.1993

05.04. Aufnahme der offiziellen Beitrittsverhandlungen zwischen der EG und Norwegen.

24.04. Proklamation einer „gemeinsamen Versammlung“ der serbischen Parlamente in Bosnien-Herzegowina und Krajina (Kroatien).

29.04. Unterzeichnung eines Handelsabkommens zwischen der EG und den Andenpakt-Staaten Bolivien, Ecuador, Kolumbien und Venezuela.

01.05. Freihandelsvertrag zwischen der EFTA und Rumänien über industrielle und gewerbliche Güter.

14.05. Estland, Litauen und Slowenien werden Mitglieder des Europarats.

18.05. Die dänische Bevölkerung votiert, nachdem Dänemark auf dem Gipfeltreffen in Edinburg (11.12.–12.12.1992) Ausnahmeregelungen zugestanden wurden, in einem zweiten Referendum mit 56,8% gegen 43,2% bei einer Beteiligung von 86,6% für den Vertrag über die Europäische Union (EUV).

20.05. Das britische Unterhaus stimmt dem Vertrag über die Europäische Union (EUV) mit 292 gegen 112 Stimmen in dritter Lesung zu.

15.06.–16.06. Die 5 im EWR verbliebenen EFTA-Staaten beschließen auf der EFTA-Ministerratstagung in Genf die im Vertrag vorgesehenen EWR-Organe, darunter die EFTA-Surveillance Authority (ESA), die in Brüssel eingerichtet wird.

21.06.–22.06. Der Europäische Rat beauftragt bei seinem Gipfel in Kopenhagen die Kommission, ein Weißbuch über eine mittelfristige Strategie für Wachstum, Wettbewerbsfähigkeit und Beschäftigung in Europa auszuarbeiten und beschließt kurzfristige Investitionsanreize zugunsten kleinerer und mittlerer Unternehmen. Weiters wird beschlossen, die assoziierten Staaten Mittel- und Osteuropas als Mitglieder in die EU aufzunehmen, sobald sie die erforderlichen politischen und wirtschaftlichen Voraussetzungen erfüllten.

30.06. Die Tschechische Republik und die Slowakische Republik werden Mitglieder des Europarats.

01.07. Belgien übernimmt nach dem halbjährlichen Rotationsprinzip die Ratspräsidentschaft.

–	Unterzeichnung eines Freihandelsabkommens zwischen der EFTA und Ungarn über industrielle und gewerbliche Güter. → 01.10.1993
–	Das Freihandelsabkommen zwischen der EFTA und Bulgarien, das den Abbau der Zölle bis Ende des Jahres 2002 vorsieht, tritt in Kraft.
07.07.–09.07.	Gipfeltreffen der sieben führenden Industriestaaten in Tokio. Beschlossen werden Maßnahmen zur Bekämpfung der weltweiten Rezession und Arbeitslosigkeit, sowie ein Stabilisierungsfonds zur Umgestaltung der russischen Wirtschaft.
19.07.	Der Rat verabschiedet TACIS, ein Förderprogramm zur Unterstützung der GUS-Staaten bei der Reform, Modernisierung und Ankurbelung ihrer Wirtschaft.
20.07.	Das britische Oberhaus stimmt dem Vertrag über die Europäische Union (EUV) mit 141 gegen 29 Stimmen in dritter Lesung zu.
02.08.	Großbritannien ratifiziert als letzter der 12 EG-Mitgliedstaaten den Vertrag über die Europäische Union (EUV).
–	Nach einer Krise des Europäischen Währungssystems (EWS) vergrößern die Wirtschafts- und Finanzminister der Mitgliedstaaten die Bandbreite, innerhalb derer die EWS-Währungen schwanken können, von 2,25% auf 15%.
01.10.	Das Freihandelsabkommen zwischen den EFTA-Staaten und Ungarn tritt in Kraft.
04.10.	Unterzeichnung eines neu ausgehandelten Europa-Abkommens zwischen der EG und den beiden Nachfolgestaaten der Tschechoslowakei, der Tschechischen Republik und der Slowakischen Republik.

– Rumänien wird 32. Mitglied des Europarats.

08.10. Georgien wird Mitglied der Gemeinschaft der Unabhängigen Staaten (GUS).

12.10. Nach der Zurückweisung der gegen den Vertrag über die Europäische Union erhobenen Klagen durch das deutsche Bundesverfassungsgericht, kann der EUV durch den Bundespräsidenten unterzeichnet werden. Die Ratifizierung des Vertrags ist damit in allen EG-Mitgliedstaaten abgeschlossen.

25.10. Vertreter von Rat, Kommission und Europäischem Parlament nehmen im Rahmen einer interinstitutionellen Konferenz eine Erklärung über Demokratie, Transparenz und Subsidiarität und einen Entwurf für eine interinstitutionelle Vereinbarung über die Anwendung des Subsidiaritätsprinzips an und beschließen in diesem Zusammenhang das Statut eines „Bürgerbeauftragten".

29.10. Der Europäische Rat beschließt in Brüssel auf einem Sondergipfel anläßlich des Inkrafttretens des Vertrags über die Europäische Union, das Europäische Währungsinstitut (EWI) als Vorläufer der Europäischen Zentralbank (EZB) ab 01.01.1994 in Frankfurt am Main einzurichten. Weiters werden mehrere Gemeinschaftsaktionen beschlossen, die von der EU im Rahmen der GASP, der Gemeinsamen Außen- und Sicherheitspolitik, durchzuführen sind. Darüber hinaus unterzeichnen Rat, Kommission und Parlament eine neue Vereinbarung über die Verbesserung des Haushaltsverfahrens und der Haushaltsdisziplin. Schließlich wird auch die Einrichtung des Europäischen Markenamtes in Madrid beschlossen, das EU-Unternehmen die Möglichkeit geben soll, durch einen Einzelantrag die Anerkennung eines EU-weit geschützten Markennamens zu erhalten.

01.11. Der Vertrag über die Europäische Union tritt nach Abschluß aller Ratifizierungsverfahren in Kraft.

03.11. Zum Abschluß der ersten Gipfelkonferenz der Staats- und Regierungschefs der Europarats-Mitgliedstaaten in Wien wird in der sog. Wiener Erklärung die Verbesserung des Minderheitenschutzes in Europa und eine Reform der Menschenrechtsinstanzen beschlossen. Danach soll anstelle des bisherigen zweigleisigen Systems von Menschenrechtskommission und Gerichtshof ein einheitlicher, ständig tagender Europäischer Gerichtshof für Menschenrechte geschaffen werden.

08.11. Der Rat beschließt seine Umbenennung in „Rat der Europäischen Union". Die neue Bezeichnung der Kommission lautet „Europäische Kommission".

17.11. Das Europäische Parlament fordert in einer Entschließung die umgehende Aufnahme von Verhandlungen über eine grundlegende Reform der europäischen Institutionen.

10.12.–11.12. Der Europäische Rat beschließt in Brüssel auf der Grundlage des Weißbuchs der Kommission über Wachstum, Wettbewerbsfähigkeit und Beschäftigung einen kurz- und mittelfristigen Aktionsplan. Weiters wird der erste Aktionsplan im Bereich Justiz und Inneres verabschiedet. Festgelegt wird auch die Einberufung einer Konferenz, die einen Stabilitätspakt mit den mittel- und osteuropäischen Ländern zum Ziel hat.

13.12. Der Rat der EU faßt einen Grundsatzbeschluß über ein Abkommen über die Schaffung des Europäischen Wirtschaftsraums (EWR).

15.12. Unterzeichnung des Schlußdokuments der GATT-Verhandlungen (sog. Uruguay-Runde) durch die Delegationen der Mitgliedstaaten in Genf. Mit dieser Vereinbarung wird die bisher weitestgehende Liberalisierung im Welthandel eingeleitet.

Europäisches Jahr der Ernährung und der Gesundheit
Lissabon, Kulturhauptstadt Europas

01.01. Das Abkommen über den Europäischen Wirtschaftsraum (EWR) tritt in Kraft.

– Die zweite Stufe der Wirtschafts- und Währungsunion beginnt.

– Griechenland übernimmt turnusmäßig die Ratspräsidentschaft.

– Der Rat des Europäischen Währungsinstituts hält seine erste Sitzung in Frankfurt am Main ab.

10.01.–11.01. Die dem Nordatlantikrat angehörenden Staats- und Regierungschefs verabschieden die Initiative „Partnerschaft für den Frieden" (PFP). Dieser Partnerschaft können alle dem sog. Rat der Nordatlantischen Zusammenarbeit angehörenden Staaten (d.h. NATO-, ehemalige Warschauer Pakt- und KSZE-Staaten) beitreten. Einigung wird auch darüber erzielt, daß die WEU als Mittel zur Stärkung des europäischen Pfeilers der Transatlantischen Partnerschaft entwickelt werden soll.

17.01. Gründung der Konferenz der Gemeinden und Regionen Europas (CLRAE) als Organ des Europarats mit 240 gewählten Volksvertretern.

19.01. Der griechische Außenminister Theodoras Pangalos nennt als Prioritäten der griechischen Ratspräsidentschaft neben Maßnahmen gegen die Arbeitslosigkeit vor allem außenpolitische Zielsetzungen, darunter die Intensivierung der Beziehungen zu den Mittelmeer-Anrainerstaaten wie zu den baltischen Staaten, sowie den Abschluß eines Partnerschaftsabkommens mit Rußland.

26.01. Rumänien unterzeichnet die NATO-„Partnerschaft für den Frieden“ (PFP).

27.01. Litauen unterzeichnet die NATO-„Partnerschaft für den Frieden“ (PFP).

03.02.–04.02. Die Wirtschaftsminister der Visegrád-Gruppe vereinbaren, den ursprünglich für 2001 geplanten zollfreien Markt innerhalb der CEFTA bereits 1998 umzusetzen.

01.02. Die Europa-Abkommen der EU mit Polen und Ungarn treten in Kraft.

– Ein Interimsabkommen über Handelserleichterungen zwischen der EU und Bulgarien tritt in Kraft.

02.02. Polen unterzeichnet die NATO-Partnerschaft für den Frieden“ (PFP).

03.02. Estland unterzeichnet die NATO-„Partnerschaft für den Frieden“ (PFP).

08.02. Ungarn und die Ukraine unterzeichnen die NATO-„Partnerschaft für den Frieden“ (PFP).

09.02. In einem Abkommen beschließen die Bundesrepublik Deutschland, die Benelux-Staaten und Dänemark die Einführung der sog. Euro-Vignette, einer Straßenbenutzungsgebühr für LKW, zum 01.01.1995.

– Die Slowakei unterzeichnet die NATO-„Partnerschaft für den Frieden“ (PFP).

10.02. Das Europäische Parlament verabschiedet den vom Institutionellen Ausschuß unter der Leitung von Fernand Herman erarbeiteten Entwurf einer Verfassung der Europäischen Union, der an die nationalen Parlamente weitergeleitet wird.

14.02.	Bulgarien und Lettland unterzeichnen die NATO-„Partnerschaft für den Frieden“ (PFP).
16.02.	Die Europol-Drogenstelle EDU, eine Einrichtung der im EUV vorgesehenen europäischen kriminalpolizeilichen Zentralstelle Europol, nimmt ihre Arbeit auf.
22.02.	Erste Verhandlungen der EU mit Lettland über ein Freihandelsabkommen.
23.02.	Albanien unterzeichnet die NATO – „Partnerschaft für den Frieden“ (PFP).
24.02.	Aufnahme der Verhandlungen mit Israel über ein neues Kooperationsabkommen.
01.03.	Abschluß der Verhandlungen über den Beitritt Finnlands und Schwedens zur EU.
02.03.	Abschluß der Verhandlungen über den Beitritt Österreichs zur Europäischen Union. Mit Norwegen wird wegen der Fischereifrage noch weiter verhandelt.
10.03.	Der Ausschuß der Regionen tritt in Brüssel zu seiner konstituierenden Sitzung zusammen.
–	Tschechien unterzeichnet die NATO-Partnerschaft für den Frieden“ (PFP).
15.03.	Abschluß der Verhandlungen über den Beitritt Norwegens zur EU.
16.03.	Moldawien unterzeichnet die NATO-Partnerschaft für den Frieden“ (PFP).
23.03.	Erste Verhandlungen der EU mit Estland über ein Freihandelsabkommen.
–	Georgien unterzeichnet die NATO-Partnerschaft für den Frieden“ (PFP).

27.03. Die Außenminister der EU-Mitgliedstaaten einigen sich in Ioannina (Griechenland) darauf, die Sperrminorität bei Abstimmungen im Rat, die mit qualifizierter Mehrheit durchgeführt werden, nach der EU-Erweiterung von bisher 23 auf 27 gewichtete Stimmen anzuheben (sog. Kompromiß von Ioannina).

28.03. Aufnahme der Verhandlungen zwischen der EU und Litauen über ein Freihandelsabkommen.

30.03. Slowenien unterzeichnet die NATO-„Partnerschaft für den Frieden“ (PFP).

01.04. Ungarn stellt als erster ehemaliger COMECON-Staat den Antrag auf Beitritt zur Europäischen Union.

08.04. Polen stellt den Antrag auf Beitritt zur Europäischen Union.

14.04. Unterzeichnung des Vertrags über den Beitritt Mexikos zur OECD durch die mexikanische Regierung und den Generalsekretär der OECD in Paris. Mexiko wird damit 25. Mitglied der OECD.

15.04. Unterzeichnung der Schlußakte über die Verhandlungen der achten GATT-Welthandelsrunde (sog. Uruguay-Runde) durch insgesamt 125 Staaten in Marrakesch (Marokko). Beschlossen wird auch die Gründung der Welthandelsorganisation WTO als dritter Säule der internationalen Wirtschaftspolitik neben Weltbank und Internationalem Währungsfonds. Die WTO soll ab 01.01.1995 als Sonderorganisation der UNO zur Überwachung des Welthandels das GATT ersetzen. → 01.01.1995

22.04. Erste Verhandlungen der Kommission mit Moldawien über ein Partnerschafts- und Kooperationsabkommen. → 26.07.1994

23.04.	Die Bundesrepublik Deutschland und die Niederlande beschließen die Aufstellung einer gemeinsamen militärischen Einheit in Korpsstärke.
04.05.	Das Europäische Parlament stimmt den Beitrittsverträgen mit Österreich, Finnland, Norwegen und Schweden zu.
–	Aserbaidschan unterzeichnet die NATO-„Partnerschaft für den Frieden“ (PFP).
09.05.	Bei der Konferenz der Außen- und Verteidigungsminister der WEU in Luxemburg werden Bulgarien, Estland, Lettland, Litauen, Polen, Rumänien, Slowakische Republik, Tschechische Republik und Ungarn als assoziierte Mitglieder in die Westeuropäische Union aufgenommen.
09.05.	Finnland und Schweden unterzeichnen die NATO-„Partnerschaft für den Frieden“ (PFP).
10.05.	Turkmenistan unterzeichnet die NATO-Partnerschaft für den Frieden“ (PFP).
27.05.	Kasachstan unterzeichnet die NATO-„Partnerschaft für den Frieden“ (PFP).
01.06.	Kirgisistan unterzeichnet die NATO-Partnerschaft für den Frieden“ (PFP).
09.06.–12.06.	Vierte allgemeine Direktwahl der Abgeordneten des Europäischen Parlaments mit einer durchschnittlichen Wahlbeteiligung von 57%. Die Sozialisten stellen als größte Fraktion 200, die in der EVP vereinigten Christdemokraten 148 der insgesamt 567 Abgeordneten.
12.06.	Die österreichische Bevölkerung entscheidet sich bei einem Referendum mit 66,39% der Stimmen für den Beitritt zur Europäischen Union. Die Beteiligung liegt bei 81% der Wahlberechtigten.

14.06. Unterzeichnung eines Partnerschafts- und Kooperationsabkommens der EU mit der Ukraine, das Handelserleichterungen wie die Meistbegünstigungsklausel und die Errichtung einer Freihandelszone enthält. Es ist das erste Abkommen zwischen der EU und einem Land der Gemeinschaft Unabhängiger Staaten (GUS).

– Gründung des Europäischen Investitionsfonds in Luxemburg. Aufgabe des Fonds ist die Bereitstellung langfristiger Garantien für die Finanzierung der Transeuropäischen Netze in den Bereichen Verkehr, Telekommunikation und Energie sowie kleiner und mittlerer Unternehmen. Zu den Gründungsaktionären zählen neben der Europäischen Investitionsbank (EIB) und der EU auch 58 Finanzinstitute aus den 12 EU-Mitgliedstaaten.

21.06. Billigung des Gemeinsamen Förderkonzeptes (GFK), das 13,64 Mrd. ECU für die neuen deutschen Bundesländer und Berlin vorsieht, durch die Kommission der EU.

22.06. Rußland unterzeichnet die NATO-„Partnerschaft für den Frieden" (PFP).

24.06.–25.06. Der Europäische Rat unterzeichnet beim Gipfel auf Korfu die Beitrittsverträge mit Österreich, Finnland, Norwegen und Schweden sowie ein Partnerschafts- und Kooperationsabkommen mit Rußland, in dem die künftige wirtschaftliche und politische Zusammenarbeit und die Handelsbeziehungen geregelt werden. Weiters beschäftigen sich die Schlußfolgerungen des Rats mit den im Weißbuch der Europäischen Kommission vorgeschlagenen Maßnahmen zu Fragen des Wachstums, der Wettbewerbsfähigkeit und der Beschäftigung, der Transeuropäischen Netze sowie der Informationsgesellschaft. Zur Vorbereitung der Regierungskonferenz 1996 wird die Einsetzung einer hochrangigen Reflexionsgruppe, bestehend aus den Außenministern, dem Kommissionspräsidenten und dem Präsidenten des Europäischen Parlaments, beschlossen. In der Frage der Nominierung des nächsten Kommissionspräsidenten wird keine Einigung erzielt.

01.07. Die Bundesrepublik Deutschland übernimmt turnusmäßig die Ratspräsidentschaft.

06.07. Abkommen zwischen der EU und den bosnischen Kroaten und Moslems über eine zweijährige Verwaltung der Stadt Mostar durch die EU.

08.07.–10.07. Westlicher Wirtschaftsgipfel in Neapel. Beim anschließenden Treffen der Regierungschefs der G-7-Staaten mit Präsident Boris Jelzin wird vereinbart, daß Rußland künftig als achter Staat dem sog. politischen Arm der G-7 angehören wird.

13.07. Usbekistan unterzeichnet die NATO-„Partnerschaft für den Frieden" (PFP).

15.07. Der luxemburgische Ministerpräsident Jacques Santer wird auf einem Sondergipfel der Staats- und Regierungschefs der EU in Brüssel als neuer Präsident der Europäischen Kommission nominiert.

Jacques Santer (geb. 1937):
Luxemburgischer Politiker. Staatssekretär 1972–1974, Abgeordneter des Europäischen Parlaments 1974–1979, Staatsminister und Regierungschef seit 1984.

16.07.–17.07. Im Mittelpunkt eines Gipfeltreffens der Zentraleuropäischen Initiative (CEI) in Triest stehen die Liberalisierung des Handels zwischen den zehn Mitgliedstaaten der Initiative sowie die Stärkung der Minderheitenrechte. Der CEI gehören Bosnien-Herzegowina, Italien, Kroatien, Mazedonien, Österreich, Polen, Slowakei, Slowenien, Tschechien und Ungarn an. Assoziierte Mitglieder sind Weißrußland, Bulgarien, Rumänien und die Ukraine.

18.07. Die EU und die baltischen Staaten Estland, Lettland und Litauen unterzeichnen in Brüssel ein Freihandelsabkommen. → 01.01.1995

– Unterzeichnung eines neuen Kooperationsabkommens zwischen der EU und Sri Lanka, welches das Handelsabkommen vom 22.07.1975 ablöst.

19.07. Bei der konstituierenden Sitzung des neu gewählten Europäischen Parlaments wird der deutsche Sozialdemokrat Klaus Hänsch mit 365 von 534 abgegebenen Stimmen zum Präsidenten gewählt.

21.07. Das Europäische Parlament stimmt der Nominierung Jacques Santers als Kommissionspräsident mit 260 gegen 238 Stimmen bei 23 Enthaltungen zu.

26.07. Abschluß eines Partnerschafts- und Kooperationsabkommens zwischen der EU und Moldawien.

21.08.–22.08. Bei einem Treffen der Staatschefs von neun mitteleuropäischen Ländern (Bundesrepublik Deutschland, Italien, Liechtenstein, Österreich, Schweiz, Slowakei, Slowenien, Tschechien, Ungarn und dem designierten EU-Kommissionspräsidenten Jacques Santer in Alpbach (Österreich) wird in der Frage der Osterweiterung der EU grundsätzliche Übereinstimmung festgestellt.

05.09.–06.09. In Berlin findet eine Konferenz von hohen Beamten der EU und der südafrikanischen Entwicklungsorganisation SADC statt.

07.09.–08.09. Bei einem Treffen der Innenminister der EU-Mitgliedstaaten in Berlin werden der Ausbau der im Vertrag über die Europäische Union festgelegten europäischen kriminalpolizeilichen Zentralstelle Europol sowie das Problem der steigenden Nuklearkriminalität erörtert.

10.09.–11.09. Treffen der Außenminister der EU in Usedom zur Diskussion der Entwicklung in Bosnien.

22.09. Die EU-Sozialminister – ohne Großbritannien – nehmen nach jahrelangen Verhandlungen die Richtlinie über Betriebsräte an, nach der multinationale Unternehmen mit 1000 oder mehr Beschäftigten in Europa und mindestens 150 Beschäftigten in zwei oder mehr Mitgliedstaaten ein Verfahren zur regelmäßigen Unterrichtung und Anhörung ihrer MitarbeiterInnen einführen müssen.

03.10.–07.10. Die Versammlung des Europarats stimmt der Aufnahme Andorras als 33. Mitglied zu.

04.10. In Brüssel findet das erste Europäische Konsumentenforum statt.

04.10.–05.10. Der Rat beauftragt auf seiner Tagung in Luxemburg die Kommission mit der Ausarbeitung eines Plans über die Integration der Staaten Osteuropas in den Binnenmarkt. Weiters wird die Unterstützung des Aussöhnungsprozesses in Nordirland beschlossen.

05.10. Armenien unterzeichnet die NATO-„Partnerschaft für den Frieden“ (PFP).

10.10. Unterzeichnung eines Kooperationsabkommens zwischen der EU und Südafrika in Pretoria.

16.10. In Finnland spricht sich bei einem Referendum die Bevölkerung mit 57% gegen 43% der Stimmen bei einer Beteiligung von 74% für den Beitritt zur EU aus.

31.10. Im Mittelpunkt der Ratstagung in Luxemburg, an der neben den Außenministern der EU auch die der vier Beitrittskandidaten Finnland, Norwegen, Österreich und Schweden sowie die Außenminister Polens, Ungarns, Tschechiens, der Slowakei, Bulgariens und Rumäniens teilnehmen, stehen die Beziehungen zu Osteuropa und das Problem der illegalen Immigration.

– In Schweden entscheidet sich die Bevölkerung beim Referendum mit 52,2% gegen 46,9% der Stimmen bei einer Beteiligung von 82% für den Beitritt zur EU.

28.11. Die Bevölkerung Norwegens entscheidet sich beim Referendum mit 52,2% der Stimmen gegenüber 47,8% Befürwortern gegen den Beitritt zur EU. Die Beteiligung beträgt 88,6%.

– Unterzeichnung eines Partnerschafts- und Kooperationsabkommens der EU mit Moldawien in Brüssel.

29.11. Beim monatlichen Trialog einigen sich der EU-Ratspräsident, der EU-Kommissionspräsident und der Präsident des Europäischen Parlaments auf die für die Erweiterung der Union auf 15 Mitgliedstaaten erforderlichen finanziellen Anpassungen. Für 1995 werden als Obergrenze des EU-Haushalts 80,9 Mrd. ECU festgelegt, die bis 1999 auf 92,4 Mrd. ECU angehoben werden sollen.

05.12.–06.12. In Budapest wird beim Gipfel der 53 Mitgliedstaaten der KSZE die Umbenennung in OSZE (Organisation für Sicherheit und Zusammenarbeit in Europa) beschlossen, um der Permanenz dieser Einrichtung Ausdruck zu verleihen.

09.12.–10.12. Der Europäische Rat betont bei seiner Tagung in Essen die Notwendigkeit der verstärkten Zusammenarbeit im Bereich der inneren Sicherheit und begrüßt sowohl eine offensivere Mittelmeerpolitik, als auch die aktive Vorbereitung jener mittel- und osteuropäischen Länder, die durch sog. Europa-Abkommen mit der EU verbunden sind, auf eine künftige Mitgliedschaft. Weiters stimmt der

Europäische Rat einer Liste vorrangiger Projekte im Bereich der Transeuropäischen Netze (TEN) zu.

17.12. Unterzeichnung der Europäischen Energie-Charta in Lissabon durch 45 der insgesamt 51 Verhandlungspartner. Das Abkommen sieht die Zusammenarbeit zwischen westlichen Industrienationen, osteuropäischen Staaten und der GUS bei der umweltfreundlichen Nutzung der Energieressourcen vor allem der GUS sowie die Anbindung der osteuropäischen Staaten an das westeuropäische Energieversorgungsnetz vor.

20.12. Der EWR-Rat erörtert die durch den Wechsel Finnlands, Österreichs und Schwedens von der EFTA zur EU erforderlichen Adaptierungsmaßnahmen im EWR-Mechanismus und beschließt, Liechtenstein bei Erfüllung gewisser Voraussetzungen mit 01.05.1995 als EWR-Mitglied aufzunehmen. → 01.05.1995

22.12. Die EU-Mitgliedstaaten der Schengen-Gruppe, Frankreich, Bundesrepublik Deutschland, Belgien, Niederlande, Luxemburg, Spanien und Portugal beschließen, mit Wirksamkeit vom 26.03. 1995 die Grenzkontrollen einzustellen. Frankreich behält sich Personenkontrollen an den Landesgrenzen für Bürger der Partnerstaaten weiterhin vor, Italien und Griechenland behalten die Kontrollen wegen fehlender technischer und rechtlicher Voraussetzungen vorerst bei. → 26.03.1995

Europäisches Jahr der jungen Autofahrer
Luxemburg, Kulturhauptstadt Europas

01.01. Die Beitrittsverträge Finnlands, Österreichs und Schwedens zur Europäischen Union treten in Kraft.

– Die Freihandelsabkommen der EU mit Estland, Lettland und Litauen treten in Kraft.

– Die durch die Ministerkonferenz von Marrakesch am 15.04.1994 beschlossene Einrichtung der Welthandelskonferenz (WTO) tritt in Kraft.

– Frankreich übernimmt turnusmäßig die Ratspräsidentschaft im EU-Ministerrat.

04.01. Der Sprecher des slowakischen Außenministeriums, Jaroslav Chlebo, erklärt, die Slowakei werde noch 1995 einen Antrag auf Beitritt zur EU stellen.

07.01. Die neu zusammengesetzte Kommission der EU weist mit fünf Kommissarinnen erstmals seit ihrem Bestehen einen Frauenanteil von 25% auf.

11.01. Weißrußland unterzeichnet die NATO-„Partnerschaft für den Frieden“ (PFP).

12.01. Der französische Außenminister Alain Juppé erklärt die Sicherung des Wirtschaftswachstums und die Schaffung neuer Arbeitsplätze, die Stabilisierung Europas durch die Heranführung neuer Demokratien in Mittel- und Osteuropa und die Vertiefung der Partnerschaft mit dem Mittelmeerraum als wichtigste Aufgaben der französischen Ratspräsidentschaft in der ersten Jahreshälfte 1995.

– Aufnahme bilateraler Verhandlungen zwischen der Schweiz und der EU auf dem Gebiet der Forschung. Ziel der in Brüssel geführten Verhandlungen ist die Beteiligung der Schweiz am 4. EU-Forschungsrahmenprogramm 1995–1998. Das Dossier Forschung ist eines von insgesamt sieben Bereichen, über die bilaterale Abkommen geschlossen werden sollen.

13.01. Polens Staatspräsident Lech Walesa drückt anläßlich eines Besuchs des belgischen Ministerpräsidenten Jean-Luc Dehaene in Warschau den Wunsch seines Landes nach möglichst raschem Beitritt zu EU und NATO aus.

14.01. Demarche der sog. EU-Troika (die aktuelle Ratspräsidentschaft, sowie die Außenminister des Vorgänger- und Nachfolgerstaats) in Moskau gegen die Tschetschenien-Offensive Rußlands.

16.01. Die Finanzminister der EU-Mitgliedstaaten beraten in Brüssel über die Arbeitslosigkeit in der EU. Einen weiteren Themenschwerpunkt bildet die Schwäche der spanischen, portugiesischen und italienischen Währung.

– Frankreich bezeichnet die Europäische Währungsunion als Schwerpunkt seines Vorsitzes in der EU.

– Das Europäische Parlament in Straßburg verabschiedet mit Änderungsvorschlägen zwei Verordnungsentwürfe der Kommission, welche die Grundlage für ein einheitliches EU-Visum bilden sollen.

17.01. Unterzeichnung mehrerer Verträge zwischen den Regierungen der Niederlande und der flämischen Gemeinschaft Belgiens in Antwerpen. Der niederländische Ministerpräsident Wim Kok und sein flämischer Kollege Luc van den Brande wenden sich dabei gegen Vorschläge des französischen Europaministers Alain Lamassoure, die Zahl der Arbeitssprachen in der EU von elf auf fünf zu reduzieren: Niederländisch müsse eine „vollwertige Sprache" der EU bleiben.

18.01. Das Europäische Parlament bestätigt die neue Kommission der EU mit 416 gegen 103 Stimmen bei 59 Enthaltungen.

19.01. Aufnahme der bilateralen Verhandlungen zwischen der Schweiz und der EU über den freien Personenverkehr. Der Zugang der EU-BürgerInnen zum schweizer Arbeitsmarkt gilt als Schlüsseldossier innerhalb der bilateralen Verhandlungen und als einer der Hauptgründe für die Ablehnung des EWR durch Volk und Stände der Schweiz.

23.01. Unterzeichnung eines Kooperationsabkommens zwischen der EU und Kasachstan in Brüssel. Der Vertrag sieht die sofortige Beseitigung der Mengenbeschränkungen im Handel, eine enge politische Zusammenarbeit und langfristig die Schaffung einer Freihandelszone zwischen der EU und dem zentralasiatischen Staat vor.

– Die neue Kommission der EU unter Präsident Jacques Santer übernimmt für 5 Jahre die Amtsgeschäfte.

25.01. Die Europäische Kommission bewilligt eine humanitäre Soforthilfe in der Höhe von 5 Mio. ECU für die Bevölkerung in Tschetschenien.

26.01. Die Innenminister der EU erzielen bei einem informellen Treffen in Paris grundsätzliche Einigung über die Strukturen der künftigen europäischen Polizeibehörde Europol.

01.02. Die Assoziierungsverträge der EU mit Bulgarien, Rumänien, der Slowakei und Tschechien treten in Kraft. Die Verträge umfassen einen Fahrplan für den Freihandel mit Industriegütern, begünstigte Quoten im Agrarbereich, sowie eine Liberalisierung der grenzüberschreitenden Dienstleistungen und der Kapitaltransfers für Investitionen. Ziel dieser sog. Europa-Abkommen ist die Vorbereitung der osteuropäischen Reformstaaten auf eine spätere EU-Mitgliedschaft.

– Bulgarien erklärt, die Mitgliedschaft in der EU anzustreben.

03.02. Präsident François Mitterrand schlägt eine Sonderkonferenz der EU zu Algerien vor.

06.02. Die EU-Außenminister verlangen eine Gipfelkonferenz über Bosnien-Herzegowina.

– Die EU-Außenminister erzielen in Brüssel prinzipielle Einigung über eine Zollunion mit der Türkei. Weiters wird festgelegt, sechs Monate nach Abschluß der Regierungskonferenz 1996 zur Revision des Maastricht-Vertrags (EUV) die Beitrittsverhandlungen mit Zypern und Malta aufzunehmen.

10.02. Österreich unterzeichnet die NATO-„Partnerschaft für den Frieden“ (PFP).

15.02. Die EU-Kommission drängt auf die Abschaffung der Grenzkontrollen.

27.02. Der Nordische Rat berät in Reykjavik (Island) die Konsequenzen des EU-Beitritts von Finnland und Schweden. Zu den Themenschwerpunkten zählt auch die Neuordnung der Grenzkontrollen im Norden, da die Nicht-EU-Mitglieder dem Schengener Abkommen über einen freien Grenzverkehr nicht beitreten können. Von den fünf Mitgliedstaaten des Nordischen Rats gehören Norwegen und Island nicht der EU an, während Dänemark bereits seit 1973 EG-Mitglied ist.

– Unterzeichnung eines Programms für nukleare Sicherheit durch den EU-Außenkommissar Hans van den Broek und den russischen Minister für Atomenergie, Viktor Michailov, in Brüssel. Die Zusammenarbeit soll im Rahmen des EU-Hilfsprogramms TACIS für die GUS-Staaten und der Mongolei stattfinden.

28.02. Ankündigung der Einführung des kommunalen Wahlrechts für EU-Bürgerinnen und -bürger durch den Berliner Innensenator.

06.03. Die Außenminister der EU erteilen der Kommission das Mandat zur Aufnahme von Verhandlungen über ein Assoziierungsabkommen mit Slowenien. Das geplante Europa-Abkommen soll Slowenien dieselben Beitrittsperspektiven wie anderen Reformstaaten einräumen.

– Unterzeichnung eines zehnjährigen Partnerschafts- und Kooperationsabkommens zwischen der EU und Weißrußland in Brüssel. Der Vertrag sieht die gegenseitige Gewährung der Meistbegünstigung im Handel sowie politische Zusammenarbeit vor.

09.03. Beratung der EU-Innenminister in Brüssel über die Schaffung einer europäischen Polizei. Uneinigkeit besteht u.a. über Art, Umfang und Verfügbarkeit der Daten, die in die Europol-Computer eingespeist werden sollen. Vor allem Frankreich spricht sich gegen die Schaffung einer supranationalen Behörde aus.

10.03. Die EU stoppt den Abschluß eines Wissenschaftsabkommens mit Kanada wegen der Kaperung eines spanischen Schiffes in internationalen Gewässern des Nordatlantik. Kanada begründet sein Vorgehen mit der Notwendigkeit des Schutzes der gefährdeten Bestände von Heilbutt und Steinbutt vor Grönland.

19.03. Die EU-Außenminister kommen in Carcassonne überein, der NATO ein umfassendes sicherheitspolitisches Sonderabkommen einschließlich eines gegenseitigen Nichtangriffspakts mit Rußland vorzuschlagen. Mit dieser Sicherheits-Charta soll Widerständen Moskaus gegen die NATO-Osterweiterung entgegengewirkt und Rußland in die europäische Sicherheitsarchitektur eingebunden werden. Die Vereinbarung soll auch einen Konsultationsmechanismus vor wichtigen Entscheidungen beinhalten.

20.03. Eröffnung der Schlußrunde der Europäischen Stabilitätskonferenz in Paris. Als Ziel des zweitägigen Treffens wird die Unterzeichnung eines Europäischen Stabilitätspakts durch die Vertreter der 53 OSZE-Staaten bezeichnet, in dem Abkommen über „gute Nachbarschaft" zusammengefaßt werden. Der Stabilitätspakt, in dessen Mittelpunkt die Respektierung der Menschenrechte und Toleranz zwischen den Staaten Europas stehen, geht auf eine Initiative des französischen Premierminister Edouard Balladur zurück.

26.03. Die Personenkontrollen an den Binnengrenzen werden zwischen der Bundesrepublik Deutschland, Frankreich, den Benelux-Staaten, Spanien und Portugal beinahe vollständig eingestellt.

28.03. Aufnahme von Verhandlungen über ein neues Fischereiabkommen zwischen der EU und Marokko in Brüssel. Ziel des neuen Vertrags, der das 1992 abgeschlossene Fischereiabkommen ersetzen soll, ist der stärkere Schutz marokkanischer Fischvorkommen vor allem gegenüber spanischen und französischen Fangflotten.

29.03. Die Europäische Kommission schlägt die Einrichtung einer Freihandelszone mit Südafrika vor, das zugleich politisch in das Lomé-Abkommen mit den 70 AKP-Staaten eingebunden werden soll.

05.04. Das Europäische Parlament diskutiert den Weg der Osterweiterung.

09.04. Die Bevölkerung Liechtensteins stimmt in einem Referendum mit 55,9% der Stimmen den Änderungen des Zollvertrags zu, die für den Beitritt des Landes zum EWR-Abkommen erforderlich sind. Das Fürstentum ist damit neben Island und Norwegen der dritte EFTA-Staat, der dem EWR angehört.

12.04. Paraphierung der sog. Europa-Abkommen zwischen der EU und Estland, Lettland sowie Litauen in Brüssel. Die drei baltischen Staaten erhalten durch die Verträge denselben Assoziationsstatus wie Bulgarien, Polen, Rumänien, die Slowakei, Tschechien und Ungarn.

20.04. Inkrafttreten eines Wettbewerbsabkommens zwischen der EU und den USA, mit dem künftige Rechtsstreitigkeiten vermieden werden sollen. Das Abkommen verpflichtet beide Seiten zum Informationsaustausch in Wettbewerbsfragen sowie zur Respektierung der Gesetzgebung des Partners.

21.04. Die EU und Kanada unterzeichnen in Brüssel ein neues Fischereiabkommen, mit dem der Streit um die Fangquoten vor Neufundland beigelegt wird.

26.04. Malta unterzeichnet die NATO-„Partnerschaft für den Frieden“ (PFP).

28.04. Österreich tritt dem Schengener Abkommen bei.

– Die EU und Albanien vereinbaren in Tirana Verhandlungen über einen Assoziierungsvertrag, der zur Konsolidierung der Demokratie und zur Sicherheit auf dem Balkan betragen soll. Brüssel setzt damit seine Hilfe für Albanien, die mit einem 1992 unterzeichneten Abkommen über Zusammenarbeit bei Wirtschaft und Handel begonnen wurde, fort.

01.05. Liechtenstein tritt dem EWR bei.

10.05. Abschluß eines neuen Kooperationsabkommens zwischen der EU und den USA in Brüssel, mit dem die Zusammenarbeit im Bereich der zivilen Atomtechnologie um 30 Jahre verlängert wird. Kernstück des Vertrags, der eine 1960 geschlossene Vereinbarung über nukleare Zusammenarbeit ablöst, bilden die Erhaltung der hohen EURATOM-Sicherheitsstandards sowie die Nicht-Verbreitung sensibler Technologien.

15.05. Beginn der Verhandlungen zwischen der EU-Kommission und Slowenien über einen Assoziierungsvertrag des Landes mit der EU in Brüssel. Italien hat seine Zustimmung zu einem Assoziierungsvertrag bereits im Vorfeld von der Rückerstattung italienischen Eigentums in Istrien abhängig gemacht.

16.05. Das Europäische Parlament fordert in einem Entschließungsantrag, durch eine gemeinsame Verteidigungspolitik die Grenzen der Union und ihrer Mitgliedstaaten zu gewährleisten und die Befugnisse der WEU in die EU überzuführen.

18.05.–19.05. Im Mittelpunkt der 4. Konferenz der Ostsee-Anrainerstaaten in Danzig steht die Frage der verstärkten Zusammenarbeit mit der EU. Island tritt der Organisation der Anrainerstaaten, der Dänemark, Norwegen, Schweden, Finnland, die drei baltischen Republiken Estland, Lettland und Litauen, sowie Weißrußland, Polen und die Bundesrepublik Deutschland angehören, als elftes Mitglied bei.

30.05. Die EU und die EFTA-Staaten verpflichten sich bei der 3. Tagung des Rats des EWR in Brüssel zu einem verstärkten außenpolitischen Dialog.

Als konkrete Maßnahme werden regelmäßige Treffen zwischen den EFTA-Regierungschefs sowie dem amtierenden EU-Ratspräsidenten und dem Kommissionspräsidenten vereinbart. Weiters werden Konsultationen und Abstimmung bei Kontakten zu Drittländern vorgesehen.

31.05. Rußland setzt im Rahmen der NATO-„Partnerschaft für den Frieden“ (PFP) einen Sonderstatus durch, der ihm einen Anspruch auf Konsultation bzw. Mitspracherecht bei politischen Entscheidungen der NATO-Osterweiterung einräumt.

01.06. Unterzeichnung eines Interims-Handelsabkommens zwischen der EU und der Ukraine in Brüssel. Es dient zur Überbrückung der Zeit bis zur Ratifizierung des Kooperationsabkommens durch alle 15 EU-Staaten, das die Zusammenarbeit auf 25 verschiedenen Gebieten, darunter auch im Bereich der Reaktorsicherheit, regeln soll.

02.06.–03.06. Treffen der EU-Außenminister in Messina/Sizilien. In einem Festakt wird der 40. Jahrestag der Konferenz von Messina im Juni 1995 begangen, die als Geburtsstunde der Europäischen Union gilt. Im Mittelpunkt der eigentlichen Beratungen, die in Taormina stattfinden, stehen die Vorbereitungen für die für 1996 vorgesehene Regierungskonferenz zur Reform des Maastricht-Vertrags (EUV). Dabei wird unter anderem eine hochrangige Expertengruppe, die sog. Reflexionsgruppe, mit der Ausarbeitung von Vorschlägen zur Revision des Vertrags beauftragt.

03.06. Die Verteidigungsminister der NATO- und der EU-Mitgliedstaaten beschließen in Paris die Aufstellung einer multinationalen Schnellen Eingreiftruppe für Bosnien-Herzegowina in der Stärke von 4.000 bis 5.000 Mann, die einem UNO-Kommando unterstehen und zum Schutz der UNO-Soldaten eingesetzt werden soll.

09.06. Der frühere schwedische Ministerpräsident Carl Bildt wird als Vermittler der EU im früheren Jugoslawien ernannt.

11.06. Treffen der EU-Außenminister in Luxemburg zur Vorbereitung des EU-Gipfels von Cannes. Schwerpunkte der Beratungen sind die Regierungskonferenz 1996 zur Revision des Maastrichter Vertrags (EUV), die Mittelmeer- und Osteuropapolitik der EU, die Währungs- und Beschäftigungspolitik, sowie Europol und die Transeuropäischen Netze.

12.06. Beratungen der EU-Außenminister mit VertreterInnen der Beitrittskandidaten Malta und Zypern in Luxemburg. Die beiden mit der EU assoziierten Mittelmeer-Inselstaaten wünschen die sofortige Möglichkeit einer regelmäßigen Teilnahme an den Ratstagungen, um ihre Aufnahme entsprechend vorbereiten zu können.

– Paraphierung der Europa-Abkommen zwischen der EU und den baltischen Staaten Estland, Lettland und Litauen.

15.06. Paraphierung des Europa-Abkommens zwischen der EU und Slowenien. Italien hat seine Zustimmung zu diesem Kooperationsvertrag von einer Änderung der slowenischen Verfassung abhängig gemacht, durch die der Rückkauf von enteignetem früheren italienischen Grundbesitz ermöglicht werden soll.

– In Luxemburg wird bei der zweiten Arbeitssitzung der Reflexionsgruppe zur Vorbereitung der EU-Regierungskonferenz 1996 weitgehende Übereinstimmung über die Notwendigkeit erzielt, die verschiedenen Gesetzgebungsverfahren der EU zu reduzieren. Als wichtigstes Verfahren zeichnet sich das in Maastricht eingeführte sog. Mitentscheidungsverfahren ab, das erstmals Gleichberechtigung zwischen Parlament und Rat im Rechtsetzungsprozeß herstellt.

20.06. Weitgehende Einigung der EU-Innen- und Justizminister über die Organisation der europäischen Polizeibehörde Europol. Kein Konsens wird in der Frage der Kompetenzen des EuGH in Zusammenhang mit Europol sowie über eine Liste derjenigen Nicht-EU-Mitgliedstaaten erzielt, für die Visumpflicht bestehen soll.

22.06. Rumänien stellt in Paris offiziell den Antrag auf Beitritt zur EU. Nach Polen und Ungarn ist Rumänien damit das dritte osteuropäische Land, das um Mitgliedschaft in der EU ansucht.

26.06.–27.06. Gipfel des Europäischen Rats in Cannes. Beschlossen werden für den Zeitraum von 1995–1999 Finanzhilfen für den Mittelmeerraum in der Höhe von 4,685 Milliarden ECU sowie 6,693 Milliarden ECU für Mittel- und Osteuropa. Die Entwicklungshilfe für die AKP-Länder wird im gleichen Zeitraum mit 14,6 Milliarden ECU ausgestattet. Im außen- und sicherheitspolitischen Bereich sprechen sich die Staats- und Regierungschefs der EU für die Umsetzung des noch nicht von allen EU-Mitgliedstaaten ratifizierten Partnerschaftsabkommens mit Rußland aus; weiters wird eine viermonatige Feuerpause in Bosnien gefordert und der EU-Vermittler für Jugoslawien, Carl Bildt, beauftragt, seine Friedensbemühungen fortzusetzen.

27.06. Der slowakische Ministerpräsident Vladimir Mečiar überreicht beim Gipfel in Cannes den offiziellen Beitrittsantrag und ein Memorandum zur EU. Das Memorandum nennt als Ziel die EU-Mitgliedschaft der Slowakei um das Jahr 2000.

01.07. Spanien übernimmt die Ratspräsidentschaft im Ministerrat der EU.

– In Brüssel wird nach fünfzehnmonatigen Verhandlungen zwischen Vertretern der EU und der 70 AKP-Staaten Einigung über eine Anpassung des Lomé-Abkommens erzielt. Den Entwicklungsländern Afrikas, der Karibik und des pazifischen Raums werden verbesserte Zugangsmöglichkeiten zu den europäischen Märkten sowie Finanzhilfe in der Höhe von 14,6 Milliarden ECU über die kommenden 5 Jahre eingeräumt.

– Treffen der Regierungschefs von Estland, Lettland und Litauen sowie Finnland, Dänemark, Schweden, Norwegen und Island in der litauischen Hauptstadt Vilnius. Die skandinavischen Länder sichern den baltischen Staaten ihre Unterstützung auf dem Weg in die EU zu. Weiters werden Probleme des Schmuggels von Drogen und radioaktivem Material sowie die baltisch-russischen Beziehungen erörtert. Für 1996 wird ein Folgetreffen in Schweden vereinbart.

12.07. Die Europäische Kommission legt in Straßburg einen Richtlinienvorschlag vor, der die Abschaffung der Grenzkontrollen an den Binnengrenzen in der gesamten Union bis Ende 1996 vorsieht.

– Abschluß eines Europa-Abkommens zwischen der Europäischen Kommission und Slowenien. Der Assoziierungsvertrag, der auch die Perspektive einer EU-Mitgliedschaft beinhaltet, sieht den schrittweisen Abbau der Handelsbeschränkungen innerhalb einer Übergangsperiode von sechs Jahren vor. Danach soll eine Freihandelszone gebildet werden.

14.07. Das Europäische Parlament fordert in einer Resolution die engere Anbindung der Ostseeregion an die EU. Vorgeschlagen werden die Einrichtung einer „gesamteuropäischen Freihandelszone", die den Ostsee-Anrainerstaaten verbesserten Zugang zu den europäischen Märkten verschaffen soll, weiters die Ausarbeitung eines spezifischen Programms mit Umweltmaßnahmen für die Ostseeregion sowie die Errichtung eines Europol-Büros in der Ostseeregion zur gemeinsamen Verbrechensbekämpfung.

15.07. Deutschlands Außenminister Klaus Kinkel und seine italienische Amtskollegin Susanna Agnelli treten nach Beratungen in Porto Ercole (Italien) in einer gemeinsamen Erklärung für eine „substantielle Vertiefung des Integrationsprozesses" ein. Namentlich sollen das Europäische Parlament und die Kommission gestärkt, die Mehrheitsentscheidungen im Rat ausgebaut und die GASP weiterentwickelt werden.

17.07. Tagung der EU-Außenminister in Brüssel. Die MinisterInnen unterzeichnen das Interims-Handelsabkommen mit Rußland, das wegen des russischen Vorgehens in Tschetschenien ein halbes Jahr lang nicht abgeschlossen wurde. Weiters wird über eine gemeinsame Vorgangsweise im Bosnien-Konflikt beraten. Die AußenministerInnen Österreichs, Dänemarks, Finnlands, Irlands, Luxemburgs, der Niederlande und Schwedens protestieren gegen die Wiederaufnahme der französischen Atomtests.

27.07. Die Ministerpräsidenten der Slowakei und Rumäniens, Vladimir Mečiar und Nicolae Vacaroiu, bekräftigen zum Abschluß ihrer zweitägigen Beratungen in Bukarest die Absicht beider Staaten, in Zukunft wirtschaftlich enger zusammenzuarbeiten und gemeinsame Strategien zur Integration in die EU zu entwickeln. Dazu könnten auch regelmäßige Treffen der Regierungschefs aller mit der EU assoziierten Reformstaaten dienen.

02.08. Frankreichs Innenminister Jean-Louis Debré legt einen Gesetzesentwurf vor, der EU-Bürgerinnen und -bürgern aus anderen Mitgliedstaaten in Frankreich das aktive und passive kommunale Wahlrecht einräumt.

05.09. Der Ausschuß zur Reform der Europäischen Verträge (sog. Reflexionsgruppe) schlägt in einem Zwischenbericht die Aufwertung der WEU im Rahmen der europäischen Sicherheitspolitik vor.

– Die Regierung Polens verabschiedet ein Programm von gesetzlichen Normen und Maßnahmen zur Angleichung des polnischen Rechts an das Recht der EU.

06.09. Das Landesparlament in Saarbrücken beschließt das aktive und passive kommunale Wahlrecht für alle im Saarland lebenden EU-Bürgerinnen und -bürger.

07.09. Bei einem informellen Treffen der EG-Außenminister in Santander (Spanien) werden die EU-Mittelmeerpolitik, die Nahost-Friedenskonferenz, und die Entwicklung im ehemaligen Jugoslawien erörtert. Mehrere Mitgliedstaaten, darunter die Skandinavier und Österreich, äußern Kritik an den französischen Atomtexts auf dem Mururoa-Atoll.

22.09.–23.09. Sondergipfel des Europäischen Rats auf Mallorca zur weiteren Entwicklung der EU. Im Mittelpunkt der Beratungen stehen die geplante bürgernahe Reform, mit der die Erweiterung vorbereitet werden soll und die Stärkung der Gemeinsamen Außen- und Sicherheitspolitik (GASP). Die Staats- und Regierungschefs einigen sich auf den weiteren Fahrplan für die Währungsunion sowie auf massive Finanzhilfen für den Wiederaufbau Bosnien-Herzegowinas. Am Rande des Gipfels werden auch die französischen Atomtests erörtert.

28.09. Paraphierung eines Assoziierungsvertrags zwischen der EU und Israel in Brüssel. Das Abkommen löst den Kooperationsvertrag von 1975 ab und soll einen dauerhaften politischen Dialog zwischen der EU und Israel herstellen.

29.09. Informelle Beratungen der Finanzminister und Notenbankgouverneure der 15 EU-Mitgliedstaaten über technische Fragen der künftigen Euro-Währung in Valencia.

11.10. Führende deutsche und französische EU-Parlamentarier fordern in einer gemeinsamen Stellungnahme als Beitrag zur Reform der EU einen Europa-Präsidenten mit dreijähriger Amtszeit, der die EU-Gipfel leiten und die EU auch nach außen vertreten soll.

13.10. Unterzeichnung des offiziellen Gesuch Lettlands auf Beitritt zur EU in Riga. Lettland ist damit der erste baltische Staat, der die EU-Mitgliedschaft beantragt.

14.10. Beratungen der EU-Innen- und Justizminister auf der kanarischen Insel La Gomera zu Flüchtlingsfragen und Asylpolitik. Neben der Aufteilung von Flüchtlingen aus den Kampfgebieten in Bosnien auf die EU-Mitgliedstaaten werden auch Fragen der Zusammenarbeit bei der Bekämpfung des Terrorismus sowie Rassismus und Fremdenfeindlichkeit erörtert.

20.10. Generalversammlung der „Versammlung der Regionen Europas“ (VRE) in Anvers (Belgien). Die Vertreter der ca. 300 europäischen Regionen fordern im Hinblick auf die EU-Reformkonferenz 1996 das Recht auf Rekurseingaben an den Europäischen Gerichtshof (EuGH), um regionale Interessen besser wahren zu können.

22.10. Bei den Kommunalwahlen in Berlin können die ca. 54.000 EU-AusländerInnen erstmals ihr aktives und passives kommunales Wahlrecht ausüben.

25.10. Das Europäische Parlament in Straßburg fordert in einer Entschließung die fristgerechte Einführung der Euro-Währung ab 01.01.1999. Verzögerungen oder ein Scheitern der WWU würden zu einem Zerfall des Binnenmarkts führen und die Osterweiterung der EU in Frage stellen.

27.10. Lettland stellt offiziell in Madrid den Antrag auf Beitritt zur EU.

05.11. Die Europäische Volkspartei befürwortet auf ihrem Kongreß in Madrid die Osterweiterung der EU.

06.11. Ein EU-Delegation besucht Kuba, um Gespräche über ein bilaterales Kooperationsabkommen zu führen. Der Ausbau der Beziehungen zu Kuba und der Karibik gilt als eine Priorität der spanischen Ratspräsidentschaft.

07.11. Unterzeichnung eines Vertrags über atomare Zusammenarbeit zwischen EU und USA in Brüssel. Er ersetzt Vereinbarungen über die friedliche Nutzung der Atomenergie aus den sechziger Jahren, soll 30 Jahre gelten und wird alle 5 Jahre überprüft. Für die EU stellt der Vertrag die Gewährleistung der Zusammenarbeit und einen Zugang zu spaltbarem Material dar.

11.11. Die EU und Marokko einigen sich in Brüssel auf ein Assoziierungsabkommen mit weitreichenden Handelserleichterungen für den nordafrikanischen Staat. Das Abkommen soll – zusammen mit den EU-Abkommen mit Tunesien und Israel – den Grundstein für die angestrebte Freihandelszone zwischen der Union und den Mittelmeer-Anrainerstaaten bilden.

14.11. Bei der WEU-Ministerratssitzung in Madrid wird keine Einigung über eine Integration der WEU als europäische Verteidigungskomponente in die EU erzielt. Beschlossen wird jedoch die Einrichtung eines Krisenreaktionszentrums beim WEU-Generalsekretariat in Brüssel.

15.11. Der Präsident der Europäischen Parlaments, Klaus Hänsch, Kommissionspräsident Jacques Santer und Ratspräsident Felipe González legen in Straßburg ein gemeinsames Bekenntnis zur Vertiefung der Integration ab und kritisieren insbesondere die Bürokratie und Vielfalt der Entscheidungsstrukturen in der EU.

– Das Europa-Parlament in Straßburg stimmt den Assoziierungsverträgen mit den drei baltischen Staaten Estland, Lettland und Litauen zu. Die Verträge sehen eine Vertiefung der Wirtschafts- und Handelsbeziehungen, aber auch engere Zusammenarbeit bei der Bekämpfung der international organisierten Kriminalität vor.

16.11. Paraphierung des Assoziationsabkommens zwischen der EU und Marokko.

20.11. Unterzeichnung des Assoziierungsabkommens zwischen der EU und Israel in Brüssel.

– Der Rat der EU beschließt Sanktionen gegen Nigeria wegen massiver Menschenrechtsverletzungen und Hinrichtungen durch die regierende Militärjunta.

22.11. Treffen der Außenminister der Bundesrepublik Deutschland, Großbritanniens, Italiens, Spaniens und der Türkei in Bonn. Im Mittelpunkt steht die ab 01.01.1996 geplante Zollunion der EU mit der Türkei, die wegen der Menschenrechtsprobleme in der Türkei vor allem im Europäischen Parlament umstritten ist.

24.11. Unterzeichnung des EU-Beitrittgesuchs von Estland in Tallin.

25.11. Unterzeichnung des CEFTA-Vertrags durch Slowenien in Laibach. Slowenien wird damit ab 01.01.1996 Mitglied der Wirtschaftsgemeinschaft der vier Visegrád-Staaten Polen, Tschechien, Slowakei und Ungarn.

27.11.–28.11. In Barcelona findet die erste Mittelmeer-Konferenz der EU statt, bei der die Ausweitung der politisch-wirtschaftlichen Kooperation zwischen den 15 EU-Staaten, 11 Mittelmeerländern und der palästinensischen Autonomie-Regierung erörtert wird. Durch verstärkte EU-Hilfen und Öffnung der

EU-Märkte soll die politische und wirtschaftliche Stabilität der Mittelmeer-Anrainerstaaten gestärkt, die Massenemigration gestoppt sowie dem militanten islamischen Fundamentalismus entgegengewirkt werden.

01.12. Das bulgarische Parlament in Sofia billigt mit nur einer Gegenstimme die Kandidatur Bulgariens zum Beitritt in der EU.

02.12.–03.12. Unterzeichnung der Neuen Transatlantischen Agenda durch US-Präsident Bill Clinton, EU-Kommissionspräsident Jacques Santer und Ratspräsident Felipe González. Das Grundsatzdokument, das die Transatlantische Erklärung von 1990 ergänzt, sieht den Ausbau der Zusammenarbeit zwischen der EU und den USA in vier Bereichen vor: Sicherung des Friedens und weltweite Stärkung der Demokratie; Bekämpfung von organisierter Kriminalität, Drogenhandel und Terrorismus; Ausbau der weltweiten Handelsbeziehungen; Wissenschaft und Kultur. Die NATO wird als „zentrales Element" und „unverzichtbares Bindeglied" zwischen Europa und den USA bezeichnet. Auf wirtschaftlichem Gebiet wird die Schaffung eines „großen transatlantischen Marktes" angestrebt.

04.12. Die sog. Reflexionsgruppe aus 15 hochrangigen Vertretern der EU-Mitgliedstaaten stellt ihren Bericht zur Reform der EU vor, der den Staats- und Regierungschefs bei ihrem außerordentlichen Reformgipfel in Turin am 28./29.03.1996 als Grundlage dienen soll.

05.12. Die NATO-Außenminister begrüßen bei ihrer Herbsttagung in Brüssel die Ankündigung Frankreichs, künftig wieder enger militärisch in der NATO mitzuarbeiten, als „historisch". Frankreich, das 1966 unter Präsident de Gaulle aus dem militärischen Teil des Nordatlantik-Pakts ausgeschieden war, will in Zukunft wieder den Militärausschuß der Generalstabchefs beschicken, zieht eine Stationierung von NATO-Streitkräften vorerst jedoch nicht in Betracht.

07.12. Die Verkehrsminister der EU einigen sich auf die Einführung eines gemeinsamen europäischen Führerscheines ab 01.07.1996. Der britische Vorschlag, auf dem Führerschein die Nationalität und weitere Daten kenntlich zu machen, wird abgelehnt.

– Ersatz der bilateralen Verträge der EFTA-Staaten Schweiz, Norwegen, Island und Liechtenstein mit Estland, Lettland und Litauen durch multilaterale Verträge, die ab 01.06.1996 in Kraft treten sollen.

08.12. Litauen beantragt formell den Beitritt zur EU.

– Unterzeichnung eines Kooperationsvertrags zwischen den vier EFTA-Staaten und Ägypten, Tunesien und Marokko in Zermatt. Der Vertrag mit den drei nordafrikanischen Staaten soll als Grundlage für die Schaffung einer Freihandelszone dienen.

13.12. Das Europäische Parlament in Straßburg stimmt nach heftigen Debatten wegen der Menschenrechtslage in der Türkei einer Zollunion der EU mit der Türkei mit 343 gegen 149 Stimmen bei 36 Enthaltungen zu. Das Abkommen sieht die völlige Abstimmung von Zöllen und Einfuhrsteuern zwischen der EU und der Türkei vor und tritt mit 01.01.1996 in Kraft.

– Beschluß der tschechischen Regierung, den Antrag auf Beitritt zur EU zu stellen.

14.12. In Madrid findet anläßlich des zweitägigen Gipfels des Europäischen Rats der erste humanitäre Gipfel der EU statt. Die großen internationalen Hilfsorganisationen verabschieden einen Aktionsplan gegen den Hunger und die Auswirkungen von

Kriegen und Naturkatastrophen und fordern in der „Erklärung von Madrid“ ein weltweites System zur aktiven Vorbeugung von Krisen.

15.12. Unterzeichnung eines Vertrags zwischen der EU und den MERCOSUR-Staaten Argentinien, Brasilien, Paraguay und Uruguay, die den gemeinsamen Markt des südlichen Teils Südamerikas bilden, anläßlich des EU-Gipfels in Madrid. Das Abkommen sieht in einer ersten, fünfjährigen Phase die Schaffung einer schrittweise zu schaffenden Freihandelszone und darüber hinaus regelmäßige politisch hochrangige Treffen vor.

– Überreichung des offiziellen Beitrittsgesuchs Litauens zur EU beim Gipfel in Madrid.

15.12.–16.12. Gipfel des Europäischen Rats in Madrid. Die Staats- und Regierungschefs einigen sich auf den Namen „Euro“ für die künftige gemeinsame europäische Währung und bekräftigen den im Maastrichter Vertrag (EUV) vorgesehenen Fahrplan für die Erreichung der Europäischen Währungsunion (EWU) per 01.01.1999. Ab diesem Zeitpunkt soll der Euro die einzig gültige Devise für den Zahlungsverkehr der teilnehmenden EU-Mitgliedstaaten sein und schließlich ab 01.01. 2002 auch im Bargeldverkehr die bestehenden Währungen ablösen. An den im Vertrag von Maastricht dafür festgelegten strengen Konvergenzkriterien wird unverändert festgehalten, der Vorschlag der Bundesrepublik Deutschland, nach der Erfüllung dieser Kriterien mit einem „Stabilitätspakt“ eine noch weitergehende Reduzierung der Staatsschulden zu erreichen, jedoch abgelehnt. Weitere Schlußfolgerungen des Europäischen Rats bekräftigen die Errichtung einer Freihandelszone mit den Staaten des südamerikanischen Marktes (MERCOSUR) und den Ausbau der Beziehungen zu den Mittelmeer-Anrainerstaaten, wobei insbesondere Assoziierungsabkommen mit Algerien und Syrien ausgehandelt werden sollen.

Auch in der Frage der Osterweiterung wird ein Durchbruch erzielt. Der Europäische Rat setzt den Beginn der Beitrittsverhandlungen mit den mittel- und osteuropäischen Ländern auf etwa sechs Monate nach dem Abschluß der Reformkonferenz fest. Diese Reform beginnt mit einem außerordentlichen EU-Gipfel am 29.03.1996 in Turin und soll bis Mitte 1997 abgeschlossen sein.

Anhang

Europäische Integration: Zusammenschlüsse und Organisationen (Auswahl, Stand 1995)

Staat	NATO*	OECD**	Europarat	WEU	EU	EFTA	EWR
Belgien	x	x	x	x	x		x
Bulgarien			x	2)			
Deutschland	x	x	x	x	x		x
Dänemark	x	x	x	1)	x		x
Estland			x	2)			
Finnland		x	x		x		x
Frankreich	x	x	x	x	x		x
Griechenland	x	x	x	x	x		x
Großbritannien	x	x	x	x	x		x
Irland		x	x	1)	x		x
Island	x	x	x	2)		x	x
Italien	x	x	x	x	x		x
Lettland			x	2)			
Liechtenstein			x			x	x
Litauen			x	2)			
Luxemburg	x	x	x	x	x		x
Malta			x				
Niederlande	x	x	x	x	x		x
Norwegen	x	x	x	2)		x	x
Österreich		x	x		x		x
Polen			x	2)			
Portugal	x	x	x	x	x		x
Rumänien			x	2)			
San Marino			x				
Schweden		x	x		x		x
Schweiz		x	x			x	
Slowakei			x	2)			
Slowenien			x				
Spanien	x	x	x	x	x		x
Tschechien			x	2)			
Türkei	x	x	x	2)			
Ungarn			x	2)			
Zypern			x				

* + Kanada, USA
** + Australien, Japan, Kanada, Mexiko, Neuseeland, USA
1) Beobachterstatus
2) Assoziiertes Mitglied

GATT-Verhandlungen 1946–1993

Konferenz/Runde	Zeitraum	Inhalt/Ergebnis
London (1. Vorkonferenz)	1946	New Yorker Entwurf
Genf (2. Vorkonferenz)	1947	Genfer Entwurf
Genf		Genfer Abkommen; erste Zollsenkungen (sog. Kleine Havanna-Charta)
Havanna	1947–1948	Havanna-Charta (nicht ratifiziert)
Annecy	1949	Zollsenkungen und -bindungen
Torquay	1950–1951	weitere Zollsenkungen, 7 neue Vertragsländer
Genf	1956	allgemeine Zollsenkung
Dillon-Runde	1960–1962	20% Zollsenkung auf Industriegüter
Kennedy-Runde	1964–1967	30% Zollsenkung auf Industriegüter
Tokio-Runde	1973–1979	Abbau nichttarifärer Handelshemmnisse
Uruguay-Runde	1986–1993	GATT für Landwirtschaft und Dienstleistungen; weitere Zollsenkungen

Entwicklung des Europarats 1949–1996

Jahr	Mitgliedstaat 1) 2)	Austritt
1949 (Gründung)	Belgien Dänemark Frankreich Großbritannien Irland Italien Luxemburg Niederlande Norwegen Schweden	
1949	Griechenland* Türkei	*1967–1974 suspendiert
1951	Deutschland	
1956	Österreich	
1959	Island	
1961	Zypern	
1963	Schweiz	
1965	Malta	
1976	Portugal	
1977	Spanien	
1978	Liechtenstein	
1988	San Marino	
1989	Finnland	
1990	Ungarn	
1991	Tschechoslowakei* Polen	*02/1991–12/1992
1992	Bulgarien	
1993	Estland Litauen Rumänien Slowakei Slowenien Tschechische Republik	
1994	Andorra	
1995	Albanien Lettland Moldawien	
1996	Rußland	

1) Sondergästestatus: Kroatien, Ukraine, Weißrußland, Mazedonien;
2) Nicht enthalten: Jugoslawien (ausgeschlossen 07/1992)

Mitgliedschaft EG/EU

Jahr	Mitgliedstaat	Gründung	Beitritt
1951	Belgien Deutschland Frankreich Italien Luxemburg Niederlande	EGKS (18.04.)	
1957	Belgien Deutschland Frankreich Italien Luxemburg Niederlande	EWG und EURATOM (25.03.)	
1973	Dänemark Großbritannien Irland		(01.01.) (01.01.) (01.01.)
1981	Griechenland		(01.01.)
1986	Portugal Spanien		(01.01.) (01.01.)
1995	Finnland Österreich Schweden		(01.01.) (01.01.) (01.01.)

Präsidenten der Hohen Behörde der EGKS

Name	Zeitraum	Mitgliedstaat	vorherige Funktion
Jean Monnet	1952–1955	Frankreich	Präsident der Schuman-Plan-Konferenz
René Mayer	1955–1957	Frankreich	Minister, Parlamentsabgeordneter
Paul Finet	1958–1959	Frankreich	Generalsekretär des Internationalen Bundes Freier Gewerkschaften
Piero Malvestiti	1959–1963	Italien	Vizepräsident der EG-Kommission
Rinaldo Del Bo	1963–1967	Italien	Außenminister

Präsidenten der EG-Kommission

Name	Zeitraum	Staat	nationale Position
Walter Hallstein	1958–1967	Deutschland	Staatssekretär
Jean Rey	1967–1970	Belgien	Wirtschaftsminister
Franco Malfatti	1970–1972	Italien	Postminister
Sicco Mansholt	1972	Niederlande	Agrarminister
François-X. Ortoli	1973–1977	Frankreich	Finanzminister
Roy Jenkins	1977–1981	Großbritannien	Schatzkanzler
Gaston Thorn	1981–1985	Luxemburg	Ministerpräsident
Jacques Delors	1985–1994	Frankreich	Wirtschafts- und Finanzminister
Jacques Santer	1995–	Luxemburg	Ministerpräsident

Die Ratspräsidentschaft der EG/EU 1958–1998*

EG/EU	Staat	Jahr/Jahreshälfte 19../.	ab 1993**
6er-	Belgien	58/1, 61/1, 64/1, 67/1, 70/1	
	Deutschland	58/2, 61/2, 64/2, 67/2, 70/2	
	Frankreich	59/1, 62/1, 65/1, 68/1, 71/1	
	Italien	59/2, 62/2, 65/2, 68/2, 71/2	
	Luxemburg	60/1, 63/1, 66/1, 69/1, 72/1	
	Niederlande	60/2, 63/2, 66/2, 69/2, 72/2	
9er-	Belgien	73/1, 77/2, 82/1	
	Dänemark	73/2, 78/1, 82/2	
	Deutschland	74/1, 78/2, 83/1	
	Frankreich	74/2, 79/1, 84/1	
	Irland	75/1, 79/2, 84/2	
	Italien	75/2, 80/1, 85/1	
	Luxemburg	76/1, 80/2, 85/2	
	Niederlande	76/2, 81/1, 86/1	
	Großbritannien	77/1, 81/2, 86/2	
10er-	+ Großbritannien	83/2	
12er-	Belgien	87/1	93/2
	Dänemark	87/2	93/1
	Deutschland	88/1	94/2
	Großbritannien	88/2	94/1
	Spanien	89/1	95/2
	Frankreich	89/2	95/1
	Irland	90/1	96/2
	Italien	90/2	96/1
	Luxemburg	91/1	97/2
	Niederlande	91/2	97/1
	Portugal	92/1	
	Großbritannien	92/2	98/1
15er-	+ Österreich		98/2
	+ Finnland		
	+ Schweden		

* Rotationsprinzip in alphabetischer Reihenfolge der Staatsnamen in Landessprache

** Neues Rotationsprinzip

Präsidenten des Europäischen Parlaments 1958–1996

Zeitraum	Name	Mitgliedstaat
1958–1960	Robert Schuman	Frankreich
1960–1962	Hans Furler	Deutschland
1962–1964	Gaetano Martino	Italien
1964–1965	Jean Duvieusart	Belgien
1965–1966	Victor Leemans	Belgien
1966–1969	Alain Poher	Frankreich
1969–1971	Mario Scelba	Italien
1971–1973	Walter Behrendt	Deutschland
1973–1975	Cornelis Berckhouwer	Niederlande
1975–1977	Georges Spénale	Frankreich
1977–1979	Emilio Colombo	Italien
1979–1982	Simone Veil	Frankreich
1982–1984	Pieter Dankert	Niederlande
1984–1986	Pierre Pflimlin	Frankreich
1987–1989	Henry Plumb	Großbritannien
1989–1991	Enrique Barón Crespo	Spanien
1992–1994	Egon Klepsch	Deutschland
1994–1996	Klaus Hänsch	Deutschland

Gipfel des Europäischen Rats 1975–1995

10./11.03.1975	Dublin	26./27.06.1986	Den Haag
01./02.12.1975	Rom	04./05.12.1986	London
01./02.04.1976	Luxemburg*	29./30.06.1987	Brüssel
12./13.07.1976	Brüssel	04./05.12.1987	Kopenhagen
29./30.11.1976	Den Haag	11./13.02.1988	Brüssel*
25./26.03.1977	Rom	27./28.06.1988	Hannover
29./30.06.1977	London	02./03.12.1988	Rhodos
07./08.04.1978	Kopenhagen	26./27.06.1989	Madrid
04./05.12.1978	Bremen	18.11.1989	Paris*
12./13.03.1979	Paris	08./09.12.1989	Straßburg
29.11.1979	Dublin	28.04.1990	Dublin*
27./29.04.1980	Luxemburg	25./26.06.1990	Dublin
12./13.06.1980	Venedig	27./28.10.1990	Rom*
01./02.12.1980	Luxemburg	13./15.12.1990	Rom
23./24.03.1981	Maastricht	08.04.1991	Luxemburg*
29./30.06.1981	Luxemburg	28./29.06.1991	Luxemburg
13.10.1981	London*	09./10.12.1991	Maastricht
26./27.11.1981	London	26./27.06.1992	Lissabon
29./30.03.1982	Brüssel	16.10.1992	Birmingham*
03./04.12.1982	Kopenhagen	11./12.12.1992	Edinburgh
21./22.03.1983	Brüssel	21./22.06.1993	Kopenhagen
17./19.06.1983	Stuttgart	29.10.1993	Brüssel*
04./05.12.1983	Athen	10./11.12.1993	Brüssel
19./20.03.1984	Brüssel	24./25.06.1994	Korfu
25./26.06.1984	Fontainebleau	09./10.12.1994	Essen
03./04.12.1984	Dublin	26./27.06.1995	Cannes
29./30.03.1985	Brüssel	22./23.09.1995	Mallorca*
28./29.06.1985	Mailand	15./16.12.1995	Madrid
02./03.12.1985	Luxemburg		

* Sondergipfel

EG/EU-Referenden

Jahr	Staat	Gegenstand	Beteiligung in %	Ja %	Nein %
1972 (23.04.)	Frankreich	Erweiterung	60	61	32 (7 ungültig)
(11.05.)	Irland	Beitritt	70	83	17
	Norwegen	Beitritt	75	46,5	**53,5**
(25.09.)	Dänemark	Beitritt	89,9	63,3	36,7
1975 (05.06.)	Großbritannien	Verbleib	75	67,2	32,8
1986 (27.02.)	Dänemark	EEA	74,8	56,2	43,8
1987 (26.05.)	Irland	EEA	44	69,9	30,1
1989 (18.06.)	Italien	EG-Verfassung	58,5	89,1	10,9
1992 (02.06.)	Dänemark	EUV (I)	82,9	49,3	50,7
(18.06.)	Irland	EUV	57	69	31
(20.09.)	Frankreich	RUV	70	51,05	48,95
1993 (18.05.)	Dänemark	EUV (II)	86,6	56,8	43,2
1994 (12.06.)	Österreich	Beitritt	81	66,39	33,61
(16.10.)	Finnland	Beitritt	74	57	43
(13.11.)	Schweden	Beitritt	82	52,2	46,9
(28.11.)	Norwegen	Beitritt	88,6	47,8	52,2

Europäische Kulturhauptstädte* 1985–1999

Jahr	Stadt	EU-Mitgliedstaat
1985	Athen	Großbritannien
1986	Florenz	Italien
1987	Amsterdam	Niederlande
1988	Berlin	Deutschland
1989	Paris	Frankreich
1990	Glasgow	Großbritannien
1991	Dublin	Irland
1992	Madrid	Spanien
1993	Antwerpen	Belgien
1994	Lissabon	Portugal
1995	Luxemburg	Luxemburg
1996	Kopenhagen	Dänemark
1997	Thessaloniki	Großbritannien
1998	Stockholm	Schweden
1999	Weimar	Deutschland

* Ernennung eingeführt mit Beschluß des Rats der EG vom 13.06.1985

EU-Erweiterung: Offene Beitrittsansuchen*

1987	Türkei	(14.04.)
1990	Zypern Malta	(04.07.) (16.07.)
1992	Schweiz	(26.05.)
1994	Ungarn Polen	(01.04.) (08.04.)
1995	Rumänien Slowenien Slowakei Lettland Estland Litauen	(22.06.) (25.06.) (26.06.) (27.10.) (24.11.) (08.12.)
1996	Tschechien	(22.01.)

* Stand 1996

EU-Osterweiterung: Assoziierungsabkommen

Staat	Verhandlungen	Unterzeichnung	in Kraft
Polen		16.12.1991	01.02.1994
Ungarn		16.12.1991	01.02.1994
Tschechoslowakei		16.12.1991	–
Rumänien		01.02.1993	01.02.1995
Bulgarien		08.03.1993	01.02.1995
Slowakei		04.10.1993	01.02.1995
Tschechien		04.10.1993	01.02.1995
Estland		12.06.1995	–
Lettland		12.06.1995	–
Litauen		12.06.1995	–
Slowenien		12.07.1995	–
Albanien	28.04.1995 (vereinb.)		

Die „Osterweiterung“ der Sicherheitspolitik (Stand 1995)

Staat**	NATO – PFP***	WEU
Albanien	23.02.1994	
Armenien	05.10.1994	
Aserbaidschan	04.05.1994	
Bulgarien	14.02.1994	Assoz. Mitglied 09.05.1994
Estland	03.02.1994	Assoz. Mitglied 09.05.1994
Georgien	23.03.1994	
Kasachstan	27.05.1994	
Kirgisistan	01.06.1994	
Lettland	14.02.1994	Assoz. Mitglied 09.05.1994
Litauen	27.01.1994	Assoz. Mitglied 09.05.1994
Moldawien	16.03.1994	
Polen	02.02.1994	Assoz. Mitglied 09.05.1994
Rumänien	26.01.1994	Assoz. Mitglied 09.05.1994
Rußland	22.06.1994 + 31.05.1995*	
Slowakei	09.02.1994	Assoz. Mitglied 09.05.1994
Slowenien	30.03.1994	
Tschechische Republik	10.03.1994	Assoz. Mitglied 09.05.1994
Turkmenistan	10.05.1994	
Ukraine	08.02.1994	
Ungarn	08.02.1994	Assoz. Mitglied 09.05.1994
Weißrußland	11.01.1995	

* Sonderstatus mit Konsultationsrecht bei NATO-Osterweiterung.

** Weitere Unterzeichnerstaaten: Finnland (09.05.1994), Schweden (09.05.1994), Malta (26.04.1995), Österreich (10.02.1995).

*** „Partnerschaft für den Frieden“.

Literatur

Albonetti, Achille: Vorgeschichte der Vereinigten Staaten von Europa. – Baden-Baden: Lutzeyer 1961

Amoroso, Bruno: Scandinavian Perspectives on European Integration. – Roskilde 1993

Arter, David: The politics of European Integration in the Twentieth Century. – Aldershot: Dartmouth 1993

Berding, Helmut (Hg.): Wirtschaftliche und politische Integration in Europa im 19. und 20. Jahrhundert. – Göttingen: Vandenhoeck und Ruprecht 1984 (Geschichte und Gesellschaft, 10)

Bogdandy, A. v.: Die Europäische Option. Eine interdisziplinäre Analyse über Herkunft, Stand und Perspektiven der europäischen Integration. – Baden-Baden: Nomos 1994

Boldt, Hans: Die Europäische Union. Geschichte, Struktur, Politik. – Mannheim – Leipzig – Wien – Zürich 1995 (Meyers Forum 33)

Borchardt, Klaus-Dieter: Die europäische Einigung. Die Entstehung und Entwicklung der Europäischen Union. – Luxemburg: Amt für amtliche Veröffentlichungen der Europäischen Gemeinschaften 1995

Bossuat, Gérard: Les fondateurs de l'Europe contemporaine. – Paris: Belin 1994

Bossuat, Gérard: Histoire des Constructions Européennes au XXéme siècle. Bibliographie thématique commentée des travaux français. – Bern: Peter Lang 1994

Bossuat, Gérard: La France, l'aide americaine et la construction européenne, 1944–1954. 2 vols. – Paris: Imprimerie nationale 1992 (Comité pour l'histoire économique et financière de la France)

Böttcher, Winfried (Hg.): Britische Europaideen 1949–1970. Eine Bibliographie. – Düsseldorf: Droste 1971

Böttcher, Winfried: Der EG-Binnenmarkt: Vorgeschichte, Ziele und politische Konsequenzen. In: Gegenwartskunde 4 (1988), 441–452

Bourrinet, Jacques/Torelli, M.: Les relations extérieures de la CEE. 5th ed. – Paris: P.U.F. 1995

Brandstetter, Gerfried: EURO-ABC. Lexikon der wichtigsten EU-Abkürzungen und Initialwörter. – Wien: Ueberreuter 1995

Brückner, M./Maier, R./Przyklenk, A.: Der Europa-Ploetz: Basiswissen über das Europa von heute. – Würzburg 1993

Buchheim, C.: Die Wiedereingliederung Westdeutschlands in die Weltwirtschaft 1945–1958. – München 1990

Camphuis, W. A. F./Wildeboer Schut, C. G. J. (eds.): Europese eenwording in historisch perspectief: Factoren van integratie en desintegratie. – Zaltbommel 1991

Church, Clive H./Phinnemore, David (eds.): European Union and European Community: A handbook and commentary on the post-Maastricht Treaties. – Hertfordshire: Harvester Wheatsheaf 1994

Collinson, Sarah/Miall, Hugh/Michalski, Anna: A wider European Union? Integration and Cooperation in the New Europe. – London 1993 (RIIA Discussion Papers 48)

Corbett, Richard: The Treaty of Maastricht. From Conception to Ratification. A Comprehensive Reference Guide. – London – New York: Longman 1994

Cox, Andrew/Furlong, Paul: A modern companion to the European Community. A guide to key facts, institutions and terms. – Hants: Edward Elgar 1992

Delors, Jacques: Le nouveau concert européen. – Paris: Editions Odile Jacob 1992
Deubner, Christian: Vertiefung der Europäischen Integration. Wie dringend, wie weit und mit wem. – Baden-Baden: Nomos 1995
Deubner, Christian: Deutsche Europapolitik: Von Maastricht nach Kerneuropa? 1. Aufl. – Baden-Baden: Nomos 1995
Deubner, Christian (Hg.): Die Europäische Gesellschaft in einem neuen Europa: Herausforderungen und Strategien. 1. Aufl. – Baden-Baden: Nomos 1991
Dichtl, Erwin: Schritte zum Europäischen Binnenmarkt. – München 1990
Dinan, Desmond: Historical Dictionary of the European Community. – London – New York: Scarecrow Press Inc. 1993 (International Organizations Series No. 1)
Dinan, Desmond: Ever Closer Union? An Introduction to the European Community. – London: Lynne Rienner Publishers Inc. 1994
Di Nolfo, Ennio: Power in Europe? Great Britain, France, Germany and Italy and the origins of the EEC, 1952–1957. – Berlin – New York: de Gruyter 1992
Di Nolfo, Ennio (ed.): The Atlantic Pact Forty Years Later. A Historical Reappraisal. – Berlin – New York: de Gruyter 1991
Dumoulin, Michel: L'energie nucléaire en Europe: des origines à Euratom. – Bern: Peter Lang 1994
Dumoulin, M./Girault, R./Trausch, G.: L'Europe du patronat. De la guerre froide aux années 1960. – Bern: Peter Lang 1993
Dumoulin, M./Dutrieve, A.-M.: La Ligue Européenne de Cooperation Économique (1946–1981). – Bern: Peter Lang 1993
Dumoulin, Michel (Ed.): Wartime Plans for Postwar Europe 1940–1947. Contributions to the Symposion in Brussels May 12–14, 1993. – Brussels 1995 (EC Liaison Committee of Historians Vol. 5)
Engel, Christian/Wessels, Wolfgang (ed.): From Luxemburg to Maastricht. Institutional change in the European Community after the Single European Act. – Bonn: Europa Union Verlag 1992
Esterbauer, F.: Europäische Integration von den Anfängen bis zum Vertrag von Maastricht. – Wien: Wilhelm Braumüller 1994
Europa. Dokumente zur Frage der europäischen Einigung. Hg. v. Auswärtigen Amt. – Bonn 1953
Europa. Chronik, Probleme, Ziele, Partner, Parteien, Gemeinschaften, Organe. – Bonn: Presse- und Informationsdienst der Bundesregierung (1990)
Europa- Archiv. Zeitschrift für Internationale Politik. Hg. v. Wilhelm Cornides. – Bonn 1947 ff.
Europa der Siebzehn. Bilanz und Perspektiven von 25 Jahren Europarat. – Bonn: Europa-Union 1974
Europäische Kommission (Hg.): Gesamtbericht über die Tätigkeit der Europäischen Union 1994. – Luxemburg: Amt für amtliche Veröffentlichungen 1995
Europäisches Geschichtsbuch. Eine europäische Initiative von Frédéric Delouche. – Stuttgart: Klett 1992
Fontaine, Pascal/Malosse, Henri: Les institutions européennes. – Paris: Editions Retz 1992
Fulbrook, Mary (ed.): National histories and European history. – London: UCL Press Ltd. 1993
Fursdon, Edward: The European Defense Community: A History. – London: MacMillan 1980
Gäckle, T.: Die Weiterentwicklung des Europäischen Währungssystems zur Europäischen Währungsunion. – Baden-Baden: Nomos 1992

Gaffney, John: Political Parties and the European Union. – London – New York: Routledge 1994
Ganshof van der Mersch, W. J./Doersch, Hans J./Legros, Henri: Les faits et les decisions de la Communauté Economique Europeenne. 3 vols. – Bruxelles: Presses Universitaires de Bruxelles 1969
Gasteyger, Curt: Europa zwischen Spaltung und Einigung 1945–1990: Eine Darstellung und Dokumentation über das Europa der Nachkriegszeit. – Köln: Verlag für Wissenschaft und Politik 1990
Gehler, Michael/Rathkolb, Oliver/Steininger, Rolf: Österreich und die europäische Integration von 1945 bis 1992. – (Wien 1992)
Gehler, Michael/Steininger, Rolf (Hg.): Österreich und die europäische Integration 1945–1993: Aspekte einer wechselvollen Entwicklung. – Wien: Böhlau 1993
Gerbet, Pierre: La construction de l'Europe. – Paris: Imprimerie nationale 1983
Gillingham, John: Coal, Steel and the Rebirth of Europe, 1945–1995: The Germans and French from Ruhr Conflict to Economic Community. – Cambridge: Cambridge University Press 1991
Grabitz, E.: Formen der Assoziierung für osteuropäische Staaten. – Berlin 1991
Gruner, Wolf D.: Die deutsche Frage in Europa 1800–1990. – München: Piper 1993
Gruner, Wolf D.: Europäische Geschichte und Kultur: Kontinuitäten und Brüche, Grundprobleme, Modelle und Perspektiven. In: Lernen für Europa. Bundeszentrale für Politische Bildung, Bonn 1994 (pp. 13–38)
Haas, E. B.: The Uniting of Europe – Political, Social and Economic Forces 1950–1957. – London 1958
Hahn, Hugo J.: Vom EWS zur Europäischen Währungsunion. – Saarbrücken 1990
Harbrecht, Wolfgang: Die Europäische Gemeinschaft. – Stuttgart 1987
Herbst, Ludolf/Bührer, Werner/Sowade, Hanno (Hg.): Vom Marshall-Plan zur EWG. Die Eingliederung der Bundesrepublik Deutschland in die westliche Welt. – München: Oldenbourg 1990
Hoscheit, J.-M./Wessels, W.: The European Council 1974–1986: Evaluation and Prospects. – Maastricht 1988
Häckel, Erwin/Bellers, J.: Theorien internationaler Integration und internationaler Organisation. In: Rittberger, V. (ed.): Theorien der Internationalen Beziehungen. – Opladen: Westdeutscher Verlag 1990
Haller, Max/Schachner-Blasicek, Peter (Hg.): Europa – wohin? Wirtschaftliche Integration, soziale Gerechtigkeit und Demokratie. – Graz: Leykam 1994
Harryvan, A. G.: De historiographie van de Europese integratie 1945–1985, in: Camphuis/Wildeboer Schut (eds.), Zaltbommel 1991, pp. 22–45
Harrison, D. M.: The Organisation of Europe. Developing a Continental Market Order. – London – New York: Routledge 1995
Historiographie des constructions européennes. Lettre d'Information des Historiens de l'Europe contemporaine, Vol. 7, Juin 1992, No. 1–2
Hoffmann, Stanley: The European Sisyphus. Essays on Europe, 1964–1994. – Boulder – San Francisco – Oxford: Westview Press 1995
Hummer, Waldemar (Hg.): Der Europäische Wirtschaftsraum und Österreich. Rechtliche und ökonomische Auswirkungen des EWR. – Wien – Köln – Weimar: Böhlau 1994
Hummer, Waldemar (Hg.): Österreichs Integration in Europa 1948–1989. Von der OEEC zur EG. – Wien: Wirtschaftsverlag Dr. Orac 1990
Integration. Vierteljahreszeitschrift des Instituts für europäische Politik in Zusammenarbeit mit dem Arbeitskreis Europäische Integration. – Bonn: Europa-Union Verlag

Jansen, Max: History of European Integration 1945–1975. – Amsterdam: Europa Instituut 1975 (Occasional papers of the Europa Instituut No. 1)
Kaelble, Hartmut/Hudemann, R./Schwabe, K. (Hg.): Europa im Blick der Historiker. Europäische Integration im 20. Jahrhundert: Bewußtsein und Institutionen. – München: Oldenbourg 1994
Kasten, H.: Die europäische Wirtschaftsunion. – München 1978
Keukeleire, Stephan: The European security architecture. The role of the EC, in: Studia Diplomatica, Vol. 44, No. 6/1991, pp. 29–90
Kleine, Peter: Von der Zollunion 1957 zum EG-Binnenmarkt. In: Zeitschrift für Geschichtswissenschaft 1991, 39 (9), pp. 906–914
Kraemer, Hans R.: EWG und EFTA: Entwicklung, Aufbau, Tätigkeit. – Stuttgart: Kohlhammer 1968
Kreile, M. (Ed.): Die Integration Europas. PVS-Sonderheft, 23/1992. – Opladen: Westdeutscher Verlag 1992
Kröne, Detlev: Die Europäische Politische Zusammenarbeit (1970–1991). Entwicklung, Strukturen und Rechtswirkungen. 2. Aufl. – Rheinfelden – Berlin: Schäuble 1995
Kühnhardt, Ludger: Europäische Union und föderale Ideen. Europapolitik in der Umbruchszeit. – München: C. H. Beck 1993
Kühnhardt, Ludger/Pöttering, Hans Gert: Europas vereinigte Staaten: Annäherungen an Werte und Ziele. – Zürich: Interfrom 1991
Küsters, Hans Jürgen: Die Gründung der Europäischen Wirtschaftsgemeinschaft. – Baden-Baden: Nomos 1982
Küsters, Hans Jürgen: Zwischen Vormarsch und Schlaganfall. Das Projekt der Europäischen Politischen Gemeinschaft und die Haltung der Bundesrepublik Deutschland (1951–1954). In: Trausch (Hg.), Europäische Integration, Baden-Baden 1993
Laurent, Henri-Pierre (Spec. Ed.): The European Community: To Maastricht and Beyond. The Annals of the American Academy of political and social science, Vol. 531, january 1994
Levi, Lucio/Morelli, Umberto: L'unificazione europea: Cinquant'anni di storia. – Torino: CELID 1994
Lewis, D.: The Road to Europe. – Bern: Peter Lang 1994
Lipgens, Walter: Die Europäische Integration. – Stuttgart: Klett 1983
Lipgens, Walter: Europa – Föderationspläne der Widerstandsbewegungen 1940–1945. Eine Dokumentation. – München: Oldenbourg 1968
Lipgens, Walter (Hg.): 45 Jahre Ringen um die europäische Verfassung. Dokumente 1939–1984. – Bonn 1986
Lipgens, Walter/Loth, Wilfried (eds.): Documents on the history of European Integration. 4 vols. – Berlin: de Gruyter 1985–1991
Lippert, Barbara: German unification and EC integration. German and British prospectives. – London: Pinter 1993
Lippert, Barbara/Schneider, Heinrich (Hg.): Monitoring Association and Beyond: The European Union and the Visegrád States. – Bonn: Europa-Union Verlag 1995
Loth, Wilfried: Der Weg nach Europa. Geschichte der europäischen Integration 1939–1957. 2. Aufl. – Göttingen: Vandenhoeck und Ruprecht 1991 (Kleine Vandenhoeck-Reihe 1551)
Loth, Wilfried (Hg.): Die Anfänge der europäischen Integration 1945–1950. – Bonn: Europa-Union Verlag 1990
Loth, Wilfried/Picht, Robert (Hg.): De Gaulle, Deutschland und Europa. – Opladen: Leske und Budrich 1991

Ludlow, Peter (ed.): The Annual Review of European Community Affairs 1991. – London – Washington – New York 1992
Ludlow, Peter: Reshaping Europe: the origin of the intergovernmental conferences and the emergence of a new European political architecture. In: The Annual Review of European Community Affairs 1991, pp. 395–446
Mammarella, Guiseppe: Storia d'Europa dal 1945 a oggi. – Roma – Bari: Editori Laterza 1995
Mickel, Wolfgang W. (Hg.): Handlexikon der Europäischen Union. – Köln: Omnia-Verlag 1994
Mickel, Wolfgang: Europäische Einigungspolitik. 2 Bde. – Neuwied/Rh. 1974
Milward, Alan Steele: The Frontier of National Sovereignty. History and Theory 1945–1992. – London: Routledge 1993
Monar, Joerg/Neuwahl, Nanette/Noack, Paul (Hg.): Sachwörterbuch zur Europäischen Union. – Stuttgart: Kröner 1993
Münch, Richard: Das Projekt Europa. Zwischen Nationalstaat, regionaler Autonomie und Weltgesellschaft. – Frankfurt am Main: Suhrkamp 1993
Nicholson, Frances/East, Roger: From the Six to the Twelve: The Enlargement of the European Communities. – Harlow: Longman 1987
Nienhaus, Volker: Geschichte, Institutionen und Strategien der Europäischen Gemeinschaften. In: Klemmer, P.: Kompendium der europäischen Wirtschaftspolitik. – München: Vahlen 1994
Nötzold, Jürgen (Hg.): Europa im Wandel. Entwicklungstendenzen nach der Ära des Ost-West-Konflikts. – Baden-Baden: Nomos 1990
Nugent, Neill (ed.): The European Union 1993. Annual Review of activities. – Oxford – Cambridge: Basil Blackwell Ltd 1994 (Journal of Common Market Studies)
Nuttall, Simon J.: European Political Cooperation. – Oxford: Clarendon Press 1992
Orsello, Gian Pedro: Ordinamento Comunitario e Unione europea. – Milano: Giuffré Editore 1994
Pedersen, Thomas: European Union and the EFTA countries. Enlargement and integration. – London – New York: Pinter Publishers 1994
Petersen, Nikolaj: The European Community in World Affairs. – London 1993
Pijpers, Alfred: The European Community at the crossroads: major issues and priorities. – Dordrecht (1992)
Pijpers, Alfred/Regelsberger, Elfriede/Wessels, Wolfgang (Hg.): Die Europäische Politische Zusammenarbeit in den 80er Jahren. Eine gemeinsame Außenpolitik für Westeuropa. – Bonn 1989
Pinder, John: European Community. The building of a Union. – Oxford – New York: Oxford University Press 1991
Pistone, Sergio: L'Italia e l'unita europea: Dalle premesse storiche all'elezione de Parlamento europeo. – Torino: Loescher 1982
Poidevin, Raymond (ed.): Origins of the European Integration. – Brussels 1986
Poidevin, Raymond: Der Faktor Europa in der Deutschland- und Ruhrpolitik Robert Schumans (Sommer 1948 bis Frühjahr 1949). In: Viertelsjahreshefte für Zeitsgeschichte, Vol. 33, 1985, pp. 406–419
Preda, Daniele: Sulla Soglia Dell'Unione – La vicenda della Comunità politica europea (1952–1954). – Milano: Jaca Book
Rauchenberger, Josef (Hg.): Entscheidung für Europa. Österreichs parlamentarischer Weg in die EU. – Wien: PR-Verlag 1995
Revue d'integration européenne/Journal of european integration (Saskatchewan/Canada)

Roobol, Wilhelm Hendrik: The shaping of Europe, in: Yearbook of European Studies (Amsterdam/Atlanta), Vol. 6, 1993, pp. 15–35
Röttinger, M./Weyringer, C. (Hg.): Handbuch der europäischen Integration. – Wien 1993
Schell, P.: Bündnis im Schatten. – Bonn 1991
Schmuck, Otto (Hg.): 40 Jahre Europarat: Renaissance in gesamteuropäischer Perspektive. – Bonn 1990
Schmuck, Otto: Das Europäische Parlament: Vom Gesprächsforum zum Mitgestalter europäischer Politik. – Bonn 1989
Schmuck, Otto/Nuscheler, Franz (Hg.): Die Süd-Politik der EG: Europas entwicklungspolitische Verantwortung in der veränderten Weltordnung. – Bonn: Europa-Union Verlag 1992
Schneider, Heinrich: Alleingang nach Brüssel – Österreichs EG-Politik. – Bonn: Europa-Union Verlag 1990
Schneider, Heinrich/Wessels, Wolfgang (Hg.): Föderale Union – Europas Zukunft. – München 1994
Schneider, Heinrich: Rückblick für die Zukunft. Konzeptionelle Weichenstellung der Europäischen Einigung. – Bonn 1986
Schröder, Hans- Jürgen: Marshall-Plan, amerikanische Deutschlandpolitik und europäische Integration 1947–1950. In: aus politik und zeitgeschichte 18 (1987), pp. 3–17
Schwabe, Klaus: Die Anfänge des Schumann-Plans 1950/51. – Baden-Baden 1990
Schwabe, Klaus: Die Vereinigten Staaten und die Europäische Integration. Alternativen der amerikanischen Außenpolitik (1950–1955). In Trausch (Hg.), Europäische Integration, 1993, pp. 41–54
Schwarz, J. (Hg.): Der Aufbau Europas. Pläne und Dokumente von 1945 bis 1980. – Bonn 1980
Seeler, Hans Joachim: Die Europäische Einigung und das Gleichgewicht der Mächte: Der historische Weg der europäischen Staaten zur Einheit. 1. Aufl. – Baden-Baden: Nomos 1992
Senti, Richard: EG, EFTA, Binnenmarkt. Organisation, Funktionsweise, Perspektiven. – Zürich: ETH 1992
Serra, Enrico (Hg.): La relance européenne et le Traité de Rome. – Baden-Baden: Nomos 1990
Siegler, Heinrich (Hg.): Europäische politische Einigung. Dokumentation von Vorschlägen und Stellungnahmen. 3 Bde. – Bonn – Wien – Zürich: Siegler & Co. KG. 1968–1977
Spierenburg, Dirk/Poidevin, Raymond: The history of the High Authority of the European Coal and Steel Community: supranationality in operation. – London: Weidenfeld and Nicolson 1994
Sporrer, Anna: Europäische Grundrechte für Frauen? In: STREIT – Feministische Rechtszeitschrift, 12. Jg. (1994), H. 1, pp. 3–15
Teske, H.: Europa zwischen gestern und morgen. Von den Römischen Verträgen zur Europäischen Akte. – Köln 1988
Trausch, G. (Hg.): Die Europäische Integration vom Schuman-Plan bis zu den Verträgen von Rom. – Baden-Baden: Nomos 1993
Toulemon, Robert: La construction européenne. Histoire, acquis, perspectives. – Paris 1994
Urwin, Derek W.: The Community of Europe. A history of European integration since 1945. – London – New York: Longman 1991

Varsori, Antonio: Italy between the Atlantic Alliance and EDC, 1949–1955. In: Di Nolfo 1992, pp. 260–299
Varsori, Antonio: Italy and European Integration from the Marshall Plan to the Pleven Plan. In: AAVV, Le Plan Marshall et le relévement économique de l'Europe, Paris 1993, pp. 387–400
Vaughan, Richard: Post-war integration in Europe. – London: Arnold 1976
Volkmann, H./Schwengler, W.: Die EVG. – Boppard 1955
Von der EPZ zur GASP – Dokumentation des Auswärtigen Amtes. – Bonn 1992
Von der Groeben, Hans: Aufbaujahre der Europäischen Gemeinschaft. – Baden-Baden: Nomos 1982
Von Dosenrode-Lynge, Soren Zibrandt: Westeuropäische Kleinstaaten in der EG und EPZ. – Zürich/Chur: Rüegger 1993
Voss, Joachim: ABC der Europa-Verträge und Vereinbarungen. Mit Karten, Zeittafel und ausführlichem Register. – München: Goldmann 1964 (Goldmanns Gelbe Taschenbücher 1475/76)
Wallace, William (ed.): The Dynamics of European Integration. – London – New York 1990
Weidenfeld, Werner (Hg.): Maastricht in der Analyse. Materialien zur Europäischen Union. – Gütersloh: Verlag Bertelsmann Stiftung 1994
Weidenfeld, Werner/Wessels, Wolfgang (Hg.): Europa von A – Z. Taschenbuch der europäischen Integration. 3. Aufl. – Bonn: Europa-Union Verlag 1994
Weidenfeld, Werner/Wessels Wolfgang (Hg.): Jahrbuch der Europäischen Integration. – Bonn 1981 ff.
Weilemann, Peter: Die Anfänge der Europäischen Nukleargemeinschaft – Zur Gründungsgeschichte von Euratom. – Baden-Baden 1982
Weindl, Josef: Europäische Gemeinschaft. 2. durchges. Aufl. – München – Wien 1994
Wessels, Wolfgang: Der europäische Rat: Stabilisierung statt Integration? Geschichte, Entwicklung und Zukunft der EG-Gipfelkonferenzen. – Bonn: Europa-Union Verlag 1980
Wildenmann, R. (Hg.): Staatswerdung Europas? Optionen für eine Europäische Union. – Baden-Baden 1991
Willis, F. R.: France, Germany and the new Europe 1945–1963. – Stanford: Stanford University Press 1965
Woyke, Wichard: Erfolg durch Integration – Die Europapolitik der Benelux-Staaten von 1947 bis 1969. – Bochum 1985
Woyke, Wichard: Die Europäische Gemeinschaft. – Opladen: Leske 1990
Woyke, Wichard: Europäische Organisationen: Einführung. – München: Oldenbourg 1995
Woyke, Wichard (Hg.): Handbuch internationale Politik. 5. akt. und erw. Aufl. – Opladen: Leske und Budrich 1993
Wurm, Clemens: Großbritannien, Frankreich und die Westeuropäische Union. – Berlin: Humboldt-Universität 1994
Wurm, Clemens: Western Europe and Germany: The Beginnings of European Integration 1945–1960. – Oxford: Berg Publ. 1994
Wurm, Clemens: Wege nach Europa. – Bochum: U.-Verlag Dr. N. Brockmeyer 1992
Zeitschrift für Geschichte der europäischen Integration. – Baden-Baden (Nomos) 1995 ff.

Register

EG bzw. EWG sind wegen ihrer Häufigkeit im Text im Register nicht enthalten.

A

B

C

D

E

F

G

H

I

J

K

L

M

N

O

P

Q

R

S

T

U

V

W

Z